SV

Alice Miller
Evas Erwachen

Über die Auflösung
emotionaler Blindheit

Suhrkamp

Satz: Jung Crossmedia, Lahnau
Druck: Clausen & Bosse, Leck
Printed in Germany
Erste Auflage 2001

2 3 4 5 6 – 06 05 04 03 02 01

Inhalt

III. Durchbrüche zur eigenen Geschichte

Vorwort

Dieses Buch ist nicht in erster Linie für Fachleute geschrieben, sondern für Menschen, die sich Gedanken über ihr Leben machen und für Anregungen offen sind. Daher verzichte ich hier auf psychologische Fachausdrücke. Drei Begriffe, die ich in meinen früheren Büchern ausgearbeitet habe, werden jedoch wiederholt vorkommen: die »Schwarze Pädagogik«, der »Helfende Zeuge« und der »Wissende Zeuge«. Für jene, die meine Bücher nicht kennen, gebe ich hier eine Erklärung dieser Konzepte, um ihnen das Verständnis der nachfolgenden Texte zu erleichtern.

1. Unter der »Schwarzen Pädagogik« verstehe ich eine Erziehung, die darauf ausgerichtet ist, den Willen des Kindes zu brechen, es mit Hilfe der offenen oder verborgenen Machtausübung, Manipulation und Erpressung zum gehorsamen Untertan zu machen.

Ich habe dieses Konzept in meinen Büchern *Am Anfang war Erziehung* und *Du sollst nicht merken* an vielen Beispielen erläutert. In den anderen Publikationen habe ich immer wieder aufgezeigt, welche Spuren die verlogene Mentalität der Schwarzen Pädagogik, die wir als Kinder erfahren haben, in unserem Denken und unseren Beziehungen als Erwachsene hinterlassen.

2. Ein »Helfender Zeuge« ist für mich ein Mensch, der einem mißhandelten Kind beisteht (und sei es noch so selten), der ihm eine Stütze bietet, ein Gegengewicht zur Grausamkeit, die seinen Alltag bestimmt. Das kann jeder Mensch aus

seiner Umgebung sein: ein Lehrer, eine Nachbarin, die Hausangestellte oder die Großmutter. Sehr häufig sind es die eigenen Geschwister. Dieser Zeuge ist eine Person, die dem geschlagenen oder verwahrlosten Kind etwas Sympathie oder gar Liebe entgegenbringt, es nicht aus erzieherischen Gründen manipulieren will, ihm vertraut und ihm das Gefühl vermittelt, daß es nicht böse ist und daß es Freundlichkeit verdient. Dank dieses Zeugen, der sich seiner entscheidenden, rettenden Rolle nicht einmal bewußt sein muß, erfährt das Kind, daß es in dieser Welt so etwas wie Liebe gibt. Es entwickelt im besten Fall das Vertrauen zu den Mitmenschen und kann Liebe, Güte und andere Werte des Lebens bewahren.

Wo Helfende Zeugen vollkommen gefehlt haben, hat das Kind die Gewalt glorifiziert und wendet sie später oft selber mehr oder weniger brutal und unter dem gleichen heuchlerischen Vorwand an. Es ist bezeichnend, daß sich in der Kindheit von Massenmördern wie Hitler, Stalin oder Mao kein Helfender Zeuge finden läßt.

3. Eine ähnliche Rolle wie der Helfende Zeuge in der Kindheit kann im Leben eines Erwachsenen der »Wissende Zeuge« spielen. Darunter verstehe ich einen Menschen, der um die Folgen von Verwahrlosungen und Mißhandlungen von Kindern weiß. Er kann daher diesen geschädigten Menschen beistehen, ihnen Empathie bekunden und ihnen helfen, ihre ihnen selbst unverständlichen Gefühle von Angst und Ohnmacht aus ihrer Geschichte heraus besser zu verstehen, um die Optionen des heute Erwachsenen freier wahrnehmen zu können.

Beide Begriffe habe ich im Buch *Das verbannte Wissen* eingeführt und ihnen ein ganzes Kapitel gewidmet.

Zu den Wissenden Zeugen gehören manche Therapeuten, aber auch aufgeklärte Lehrer, Anwälte, Berater und Autoren von Büchern. Ich selber sehe mich als Autorin, die sich unter anderem zum Ziel setzt, ihren Lesern Informationen zu vermitteln, die noch häufig mit einem Tabu belegt sind. Ich möchte auch den Fachleuten verschiedener Gebiete ermöglichen, ihr eigenes Leben besser zu verstehen und dadurch zum Wissenden Zeugen für ihre Klienten, Patienten, ihre Kinder und, nicht zuletzt, für sich selbst zu werden. Daß dieses manchmal gelingt, zeigt der Brief eines Lyrikers, den ich hier auszugsweise zitieren möchte:

»Liebe Frau Miller,
ich schreibe diesen Brief und sende meine CD, um Ihnen zu danken für die Stütze und Hilfe, die Sie mir während vieler Jahre gegeben haben. Die Texte meiner Lieder habe ich ins Deutsche übersetzen lassen, damit Sie sie in Ihrer Sprache lesen können.
Ich erinnere mich noch daran, daß, wenn die Konsequenzen meiner Vergangenheit mich am meisten quälten, Ihre Bücher mein Band mit der Wirklichkeit waren. Was ich durch die Texte meiner Lieder über meine Kindheit herausgefunden habe, hat mich geschockt. Was diese mir enthüllten, war unerhört. Ich habe mich lange gegen den Inhalt gewehrt und gegen die Konsequenzen, die daraus folgen mußten, wenn ich ihn akzeptierte. Mein ganzer Körper schrie, aber ich verstand nicht warum. Aber durch meine eigenen Texte, die in einer intuitiven Weise, in den Armen der Musik, an der Zensur der Verteidigung vorbeigeschlüpft waren, kam ich dem nahe, was ich mir selbst sagen wollte. Die Erfahrungen, von denen ich nicht

wußte, daß ich sie hatte, entfalteten sich langsam vor mir. Wenn ich in dieser empfindlichen Lage nicht mit Ihren Büchern in Kontakt gekommen wäre, die auf eine so klare Weise zeigten, daß ich nicht einsam war, weiß ich nicht, wie lange ich noch all das, was mein Inneres mir sagen wollte, unterdrückt hätte.

Die Stütze, die ich in Ihren Büchern bekam, gab mir schließlich den Mut, bei einem Psychotherapeuten Hilfe zu suchen, und dort habe ich dann weitergearbeitet mit Hilfe des Gesprächs. Nun konnte ich endlich meine verdrängten Erlebnisse mit jemandem teilen und Stück für Stück das enthüllen, was ich notgedrungen vor mir selbst verborgen hatte. Durch die Konfrontation mit den Menschen, die mich Übergriffen ausgesetzt hatten, fand ich die Bestätigung, daß meine Gefühlserinnerungen mir die Wahrheit gesagt hatten, und es wurde dann leichter, zur echten Heilung zu finden. Ich hatte jedoch relatives Glück; mit einem schlechten Therapeuten hätte ich einen Umweg gehen müssen und hätte viel Zeit verloren; der Weg zurück ist ohnehin so lang, und Abkürzungen sind in diesem Zusammenhang oft trügerisch.

Ohne die Informationen, die Sie in Ihren Büchern vermitteln, hätte ich nicht ausreichend annehmen können, was ich von meinem eigenen Selbst in den Augen meiner Söhne erkannt habe. Ich hätte mich öfter ihrer Freiheit in den Weg gestellt, mit meiner Unfreiheit und der Inszenierung meiner früheren Isolierung. Ich bin froh, daß ich Hilfe und Unterstützung bekommen habe, um den Weg des Lebens wieder neu zu finden. Wenn die betäubende Schuld aus der Vergangenheit auftaucht und mir sagt, daß ich nicht leben darf, dann greife ich oft nach einem

Ihrer Bücher und lese etwas darin. Das hilft mir zurück zum Leben.«

Im Jahre 1979 beschrieb ich in *Das Drama des begabten Kindes* das Leiden des Kindes in einer Welt, die seine Gefühle ignoriert und leugnet. Viele Menschen entdeckten dank dieser Schilderung ihre eigene, bisher vor ihnen selbst verborgene Geschichte. In den folgenden Büchern versuchte ich nachzuweisen, daß meine Beschreibung der Mechanismen der Verleugnung und Verdrängung des kindlichen Leidens und der daraus resultierenden Desensibilisierung, die ich zuerst bei meinen Patienten entdeckte, allgemeine Geltung hat. In den Werken bedeutender Schriftsteller, Künstler und Philosophen wie Kafka, Flaubert, Beckett, Picasso, Soutine, van Gogh, Keaton und Nietzsche und vieler anderer konnte ich die Spuren ihrer Kindheit aufzeigen und war selber über diese Gesetzmäßigkeiten erstaunt. Auch in der Kindheit der destruktiven Tyrannen fand ich immer wieder das gleiche Schema: extreme Mißhandlungen, Idealisierung der Eltern, Glorifikation der Gewalt, Verneinung der Schmerzen und Rache an ganzen Nationen für die einst erfahrene, verleugnete bzw. abgespaltene Grausamkeit.

Inzwischen ist das Problem der Kindesmißhandlungen so sehr ins allgemeine Bewußtsein gerückt, daß ich darauf nicht mehr hinzuweisen brauche. Weniger geläufig ist allerdings die Tatsache, daß das, was wir gemeinhin Erziehung nennen und für gut und richtig erachten, mit folgenschweren Demütigungen einhergeht, die allerdings noch nicht in unser Bewußtsein gerückt sind, weil man uns am Anfang des Lebens diese Wahrnehmung unmöglich machte. Dadurch entsteht ein Teufelskreis der Gewalt und Ignoranz. Die neuen spannenden Entdeckungen der Neurobiologie halfen mir, noch genauer zu begreifen und zu beschreiben, wie der von mir zunächst intuitiv erkannte Teufelskreis funktioniert:

1. Der traditionelle Weg der Erziehung, der seit jeher körperliche Strafen einschließt, führt zur Verleugnung des Leidens und der Demütigung.

2. Diese zum Überleben des Kindes notwendige Verleugnung bewirkt später die emotionale Blindheit.

3. Die emotionale Blindheit produziert Barrieren im Gehirn (»Denkblockaden«) zum Schutz vor Gefahren (das heißt vor Traumatisierungen, die bereits stattgefunden haben und nicht mehr bestehen, aber, da verleugnet, als ständig lauernde Gefahr im Gehirn kodiert sind).

4. Die Denkblockaden hemmen die Fähigkeit des Jugendlichen und Erwachsenen, aus neuen Informationen zu lernen, sie zu verarbeiten und alte, überholte Programme zu löschen.

5. Der Körper hingegen besitzt das vollständige Gedächtnis von den erduldeten Demütigungen, das den Betreffenden dazu treibt, das einst Erfahrene unbewußt der nächsten Generation zuzufügen.

6. Die Denkblockaden erlauben den Menschen nicht, oder erschweren es zumindest, die Wiederholung aufzugeben, außer wenn diese sich entschließen, die Ursachen ihrer Zwänge in ihrer Kindheitsgeschichte zu erkennen. Da solche Entscheidungen eher selten sind, wiederholen die meisten Menschen, was ihre Ahnen bereits sagten, daß Kinder unbedingt Schläge brauchen.

Die Ergebnisse meiner Forschungen sind in diesem Buch so formuliert, daß jeder die Möglichkeit hat, sie zu überprüfen und, falls erforderlich, zu widerlegen. Doch das Buch soll vor allem Anregungen zum Nachdenken geben, zum Nachdenken über das eigene Leben und über sonderbare Geschichten in unseren Familien. Es verschafft hoffentlich Informationen, die bislang noch unbeachtet geblieben sind und doch helfen können, uns und unsere Umgebung etwas besser zu verstehen.

Im *ersten* Teil des Buches (»Kindheit, die unbeachtete Fundgrube«) zeige ich an einigen Beispielen auf, wie sehr das Thema Kindheit gemieden wird, auch in Bereichen, in denen man das Gegenteil erwarten könnte.

Im *zweiten* Teil (»Wie entsteht emotionale Blindheit?«) versuche ich, gestützt auf die neuen Erkenntnisse der Hirnforschung, die Frage zu beantworten, *weshalb* meines Erachtens dieses Umgehen der Kindheitsthematik so häufig anzutreffen ist.

Im *dritten* Teil (»Durchbrüche zur eigenen Geschichte«) schildere ich Schicksale von Menschen, denen es gelungen ist, zu ihren Ursprüngen durchzudringen und davon zu profitieren.

Es war nicht zu vermeiden, daß sich die Themen hier und da im Buch überschneiden, aber diese Hauptlinie versuchte ich einzuhalten.

Prolog: *Du sollst nicht wissen*

Schon in meiner Kindheit hat sich für mich die Schöpfungs-geschichte auf den verbotenen Apfel konzentriert. Ich konnte nicht begreifen, weshalb es Adam und Eva untersagt war, nach dem Wissen zu greifen. Für mich bedeuteten Wissen und Bewußtsein immer etwas Positives. Es schien mir daher nicht logisch, daß Gott Adam und Eva es verwehrt haben sollte, den essentiellen Unterschied zwischen Gut und Böse zu erkennen.

Meine kindliche Auflehnung hat sich die ganzen Jahre über gehalten, obwohl ich später unterschiedliche Auslegungen der Schöpfungsgeschichte kennenlernte. Gefühlsmäßig weigerte ich mich, Gehorsam als Tugend, Neugierde als Sünde und Unkenntnis von Gut und Böse als Idealzustand anzuse-hen, da für mich der Apfel der Erkenntnis das Böse zu erklä-ren versprach und damit eigentlich die Erlösung, das heißt das Gute, repräsentierte.

Ich weiß, daß es unzählige theologische Rechtfertigungen für die Motivation der göttlichen Entschlüsse gibt, aber ich erkenne in ihnen allzuoft das terrorisierte Kind, das versucht, alle Maßnahmen der Eltern als gut und liebevoll zu deuten, auch wenn es sie nicht begreift und nicht begreifen kann, denn die Beweggründe für die Maßnahmen bleiben auch für die Eltern unverständlich, im Dunkel ihrer eigenen Kindheit verborgen. So kann ich es bis heute nicht verstehen, warum Gott Adam und Eva nur unwissend im Paradies behalten wollte und sie für ihren Ungehorsam mit schwerem Leid bestrafte.

Ich sehnte mich nie nach einem Paradies, das Gehorsam und Unwissen zur Bedingung der Glückseligkeit macht. Ich glaube an die Kraft der Liebe, die für mich nicht Liebsein und Gehorchen bedeutet. Sie hat etwas mit der Treue zu sich selbst, zu seiner Geschichte, zu seinen Gefühlen und Bedürfnissen zu tun. Dazu gehört die Sehnsucht nach Wissen. Offenbar wollte Gott Adam und Eva dieser Treue zu sich selbst berauben. Ich gehe davon aus, daß wir nur dann lieben können, wenn wir sein dürfen, was wir sind: ohne Ausflüchte, ohne Masken, ohne Fassaden. Wirklich lieben können wir nur, wenn wir uns dem Wissen, das uns zugänglich ist (wie der Baum der Erkenntnis bei Adam und Eva) *nicht* verweigern, nicht davor fliehen, sondern den Mut haben, den Apfel zu essen.

Daher fällt es mir noch heute schwer, Toleranz aufzubringen, wenn ich höre, man müsse Kinder schlagen, damit sie so »gut« werden wie wir und Gott an ihnen Gefallen findet. So steht es in den Schriften der meisten religiösen Sekten, aber nicht nur dort. Die Schöpfungsgeschichte hat uns lange daran gehindert, die Augen zu öffnen und zu erkennen, daß wir in die Irre geführt wurden. Die folgenden Beispiele illustrieren, welchen Preis an Gesundheit wir zuweilen für das Nichtwissendürfen bezahlen.

Kürzlich erhielt ich einen Brief eines mir unbekannten Mannes, der jahrzehntelang Mitglied der Kommunistischen Partei war und in einer Zeitungsredaktion arbeitete, die das Gedankengut vieler marxistischer Philosophen verbreitet. Als er vor Jahren meine Bücher zu lesen anfing, versuchte er seine Kollegen davon zu überzeugen, daß die Gewalt und das Streben nach Macht in der Kindheit erlernt würden und daß das Thema der gewalttätigen Erziehung in das marxistische Denken mit einbezogen werden müsse. Er stieß auf totale Ablehnung und Feindseligkeit, wurde jedoch gleichzeitig immer sicherer, daß er sich auf dem für ihn richtigen Weg befand. In diesen Jahren litt er an schwerer Arthritis in den Knien, die ihn am Gehen hinderte. Als er sich schließlich entschied, der Partei seinen Austritt schriftlich mitzuteilen, überfielen ihn gewaltige Ängste, die deutlich mit seiner Verlassenheit in der Kindheit zu tun hatten. Nachdem er den »Kündigungsbrief« abgeschickt hatte, verschwanden seine Knieschmerzen innerhalb von drei Stunden. Dies vermittelte ihm die Gewißheit, daß es ihm gelungen war, die Situation seiner Kindheit nicht länger zu perpetuieren und eine Abhängigkeit aufzugeben, die ihm früher eine Illusion der Sicherheit verlieh, ihn inzwischen aber einengte. Der Mann war verblüfft, wie rasch die körperliche Antwort auf seine Aktion erfolgte, aber er wußte auch, daß es sich um keine »Wunderheilung« im üblichen Sinne handelte, sondern um die logische Konsequenz des Austrittes aus seinem Gefängnis.

In der Medizin wird zwar heutzutage nicht länger geleugnet, daß unser Körper alle Informationen über das in unserem Leben Erfahrene gespeichert hat; aber die Medizin weiß häufig diese Geschichte nicht zu entziffern. Und doch stellen wir fest, daß schwere Krankheitssymptome verschwinden können, wenn uns gerade dieses Entziffern gelingt.

Nehmen wir ein anderes Beispiel: Ein Mann, der in seiner Kindheit sehr gedemütigt und körperlich mißhandelt wurde und sein Leben lang seine Eltern idealisierte, erkrankt im Alter, als seine Abwehr nicht mehr so gut funktioniert, an einem schweren körperlichen Leiden. Die Botschaften seines kognitiven Systems sagen ihm, daß alles in seiner Kindheit gut war, er eine glückliche Zeit der Geborgenheit bei seinen

I.
Kindheit, die unbeachtete Fundgrube

Vorspann

Vermutlich seit dem Beginn unserer Zivilisation haben sich Menschen gefragt, woher das Böse kommt und wie es bekämpft werden kann. Man hat immer schon geahnt, daß die Entwicklung zum Bösen in der Kindheit einsetzt, doch wurde es manchmal als das Werk des Teufels oder, später, als angeborener destruktiver Trieb betrachtet. Allzuoft empfahl man Züchtigung und Schläge als Mittel zur Austreibung des Bösen und zur Entwicklung eines guten Charakters.

Diese Meinung wird auch noch heute häufig vertreten. Man glaubt zwar nicht mehr an das Ammenmärchen, daß uns der Teufel sein Kind in die Wiege lege und wir den »Wechselbalg« streng erziehen müßten, aber man nimmt allen Ernstes an, daß es Gene gebe, die Menschen zur Delinquenz treiben. Nach diesen Genen wird also gesucht, auch wenn eine solche Hypothese vielen Tatsachen widerspricht. Keiner der Befürworter dieser Gentheorie hat zum Beispiel zu erklären versucht, weshalb dreißig bis vierzig Jahre vor dem Entstehen des Dritten Reiches in Deutschland so viele Kinder nach dieser Logik schlechtes Erbgut in sich trugen und ohne weiteres bereit waren, als Erwachsene Hitlers Pläne auszuführen.

Die absurde, aber fast in allen Kulturen vorhandene Auffassung, daß manche Menschen böse auf die Welt kämen, läßt sich heute wissenschaftlich widerlegen. Es hat sich nämlich herausgestellt, daß der Mensch nicht mit einem fertig ausgebildeten Gehirn geboren wird, wie man noch bis vor kurzem meinte, sondern daß die Erfahrungen der ersten Tage, Wochen und Monate darüber entscheiden, wie sich sein Gehirn strukturieren wird. Liebevolle Zuwendung ist unentbehrlich, damit der Mensch unter anderem die Fähigkeit der Empathie entwickeln kann. Wenn sie fehlt, wenn das Kind statt dessen mit Mißhandlungen aufwächst und Mißachtung erlebt, verliert es diese Fähigkeit.

Natürlich kommt der Mensch schon mit einer Geschichte auf die Welt, der Geschichte der neun Monate zwischen Empfängnis und Geburt, und er hat selbstverständlich eine genetische Prägung, die er von seinen Eltern und deren Familien geerbt hat. Beides zusammen mag über sein Temperament entscheiden, über seine Neigungen, Begabungen, Veranlagungen. Doch die Ausbildung seines Charakters hängt davon ab, ob er am Anfang seines Lebens, auch schon im Mutterleib, Zuwendung, Schutz, Zärtlichkeit und Verständnis erhält oder Ablehnung, Kälte, Unverständnis, Gleichgültigkeit, wenn nicht gar Grausamkeit erfährt. Die Kinder etwa, die heutzutage Morde begehen, haben häufig adoleszente, drogenabhängige Mütter. Bindungsmangel, Verwahrlosung und Traumatisierungen sind hier an der Tagesordnung (Karr-Morse und Wiley).

Neurobiologen haben in den letzten Jahren entdeckt, daß traumatisierte und schwer vernachlässigte Kinder in den Gehirnbereichen, die die Emotionen steuern, deutliche Läsionen aufweisen, bis zu einem knappen Drittel des Gehirns kann geschädigt sein. Die Wissenschaft erklärt diesen Befund mit der Tatsache, daß schwere Traumen im Säuglingsalter zur vermehrten Ausschüttung von Streßhormonen führen, die sowohl bereits bestehende als auch frisch ausgebildete Neuronen und ihre Verbindungen zerstören.

Die Tragweite dieser Entdeckungen für unser Verständnis der kindlichen Entwicklung und die Bedeutung der Spätfolgen von Traumen und Verwahrlosung wird in der wissenschaftlichen Literatur meines Wissens noch wenig diskutiert. Doch die Forschungen bestätigen vollauf, was ich vor zwanzig Jahren auf anderen Wegen, nämlich aufgrund meiner analytischen Arbeit mit Patienten und der Lektüre pädagogischer Schriften, festgestellt und in meinem Buch *Am Anfang war Erziehung* beschrieben habe. Ich zitiere dort aus den Schriften der Schwarzen Pädagogik, in denen die Erziehung zum Gehorsam und zur Sauberkeit von den ersten Lebenstagen an dringlich empfohlen wird. Das half mir (und später auch vielen Lesern) zu verstehen, wie es möglich war, daß im Dritten Reich Menschen (wie zum Beispiel Eichmann) ohne die leisesten Skrupel wie perfekte Mordmaschinen funktionieren konnten. Menschen, die zu »Hitlers willigen Vollstreckern« wurden, hatten sehr frühe Rechnungen zu begleichen, weil sie auf die im Säuglings- und Kindesalter erfahrene Gewalt nie adäquat reagieren durften. Nicht der Freudsche »Todestrieb«, sondern die sehr früh unterdrückten emotionalen Reaktionen bildeten das latent destruktive Potential.

Die Tatsache, daß die grausamen Ratschläge von Pädagogen wie zum Beispiel Daniel Gottlob Moritz Schreber in der zweiten Hälfte des 19. Jahrhunderts in Deutschland in vierzig Auflagen erschienen, läßt den Schluß zu, daß die dort zur Erreichung des Gehorsams empfohlenen Schläge im guten Glauben von den meisten Eltern an ihren Kindern praktiziert wurden. Die so erzogenen Kinder taten dreißig Jahre später das gleiche mit ihrem Nachwuchs. Sie kannten es ja nicht anders. Daß diese dreißig bis vierzig Jahre vor dem Holocaust geborenen und sehr früh dressierten Kinder später zu Hitlers Helfern wurden, ist meines Erachtens die Folge ihrer frühesten Erziehung. Die einst erfahrene Grausamkeit hat sie zu hörigen Menschen gemacht, die nie das Gefühl der Empathie für das Leiden anderer entwickeln konnten. Zugleich formte sie sie zu Menschen, in denen eine Zeitbombe tickte und die unbewußt auf eine passende Gelegenheit warteten, um den gespeicherten und nie geäußerten Zorn auf andere abzuladen. Hitler gab diesen Menschen den »legalen« Sündenbock, an dem sie ihre früh unterdrückten Gefühle und Rachebedürfnisse straflos abreagieren konnten.

Die neuesten Entdeckungen über die Entwicklung des menschlichen Gehirns müßten in kurzer Zeit unsere Denkweise und unseren Umgang mit Kindern radikal verändern. Doch bekanntlich sind alte Gewohnheiten zählebig. Wir brauchen auf jeden Fall eine klare Gesetzgebung und viel Informationsarbeit, bis sich junge Eltern von der Last der Überlieferung befreien können und ihre Kinder nicht mehr schlagen werden – bis ihre Hand nicht mehr automatisch ausrutscht, weil ihr gewonnenes Wissen stärker und schneller ist als diese Hand.

Diese Überlegungen, die ich in meinem Buch *Wege des Lebens* viel ausführlicher dargestellt habe, mögen die Tragweite verdeutlichen, die ich den Erlebnissen des Kindes in den ersten Tagen, Wochen und Monaten zuschreibe. Damit will ich nicht behaupten, daß spätere Einflüsse keine Rolle spielen. Im Gegenteil, gerade für einen Erwachsenen, der ein traumatisiertes Kind war, ist die Gegenwart von empathischen Menschen von ausschlaggebender Bedeutung. Aber diese Menschen können nur dann wirklich empathisch sein, wenn sie um die Folgen der frühen Entbehrungen Bescheid wissen und diese nicht bagatellisieren. Leider ist diese Sensibilität selten anzutreffen, auch bei »Experten«.

Die Bedeutung der allerersten Monate für das Leben des Erwachsenen wurde sogar von der Psychologie lange ignoriert. Ich habe versucht, in dieses dunkle Gebiet etwas Licht zu bringen, indem ich mich in verschiedenen Büchern mit den Biographien von Diktatoren wie Hitler, Stalin, Ceauşescu oder Mao befaßte und aufzeigen konnte, wie sie ihre Kindheitssituation auf der politischen Bühne unbewußt in Szene setzten (AM 1980, 1988b, 1990, 1998a). Doch hier möchte ich mich nicht mit der Vergangenheit beschäftigen, sondern auf unsere gegenwärtige Praxis hinweisen, weil ich davon überzeugt bin, daß wir auf zahlreichen Gebieten viel produktiver wirken könnten, wenn wir dem Faktor Kindheit volle Rechnung trügen.

Weshalb wird diese Fundgrube Kindheit so selten aufgesucht? Weil man an dem bisher unbekannten Ort schmerzhafte Erinnerungen befürchtet? Das Zögern ist verständlich, denn sobald wir versuchen, uns in die Situation eines Kindes einzufühlen, kann uns unsere verdrängte Vergangenheit einholen. Viele von uns wollen sich niemals diesem Risiko aussetzen, sich nie wieder als das kleine, hilflose Kind erleben, das sie einmal waren. Doch sie ahnen nicht, wieviel Reichtümer gerade diese Begegnung für sie bereithält, denn sie kann die ihnen einst verlorene Lebendigkeit und Sensibilität zurückerstatten.

Ich werde das mangelnde Interesse für die Fundgrube »Kindheit« am Beispiel von sechs Bereichen illustrieren, in denen wir eigentlich das Gegenteil vermuten: Es sind dies die Medizin, die Psychotherapie, die Politik, der Strafvollzug, die religiöse Erziehung und die biographischen Forschungen.

1. Medikamente statt Wissen

Es ist für mich immer sehr aufschlußreich, wenn ich eine Apotheke betrete und sehe, wie sich ältere Menschen eine ganze Tüte mit Medikamenten füllen lassen, die ihnen hier nach der Verordnung ihres Hausarztes ausgehändigt werden. Manchmal frage ich sie, ob ihr Arzt mit ihnen auch über ihr Leben gesprochen habe oder nur über ihre Krankheit. »Wo denken Sie hin?« antworten sie mir meistens. »Der hat doch keine Zeit für Gespräche, das Wartezimmer ist immer voll, und für was soll das überhaupt gut sein? Wichtig ist, daß er meine Krankheit kennt und versteht.« Manchmal frage ich auch, ob sonst jemand mit ihnen über ihr Leben gesprochen habe, und erhalte die Antwort: »Was wollen Sie eigentlich wissen? Früher habe ich gearbeitet und hatte keine Zeit für Gespräche, heute hätte ich zwar Zeit, aber wer interessiert sich schon für mein Leben? Das muß jeder mit sich selber ausmachen.«

Ja, das müssen wir meistens selber mit uns ausmachen, und doch wäre es wohltuend und hilfreich, wenn wir gerade im Alter mit jemandem über unsere Kindheit sprechen könnten. Gerade im Alter, wenn die körperliche Kraft und die Sicherheit nachlassen, ist der Mensch besonders empfänglich für die sogenannten »Flashbacks« aus der Zeit, als er noch ein hilfloses Kind war. Es mag sein, daß er sich dann an die Medikamente klammert wie einst an die Mutter, von der er dringend Hilfe erwartet hat. Es mag sein, daß dieser symbolische Ersatz manchen auch zustatten kommt, dennoch kann er das

Interesse eines Mitmenschen am Leben des Patienten nicht ersetzen. Und für dieses Interesse brauchen wir gar nicht soviel Zeit, wie wir meinen. Aber wir bedürfen einer offenen Tür zu unserer eigenen Vergangenheit, um zu begreifen, daß man ein Leben erst verstehen kann, wenn man seine Anfänge ernst nehmen darf.

Eigentlich ist seit langem bekannt, daß Eßstörungen meistens eine psychische Ursache haben. Viele Mediziner behaupten, selbstverständlich wüßten sie dies. Aber da die meisten mit ihren eigenen Emotionen nicht frei umgehen können und selten einen Zugang zur eigenen Kindheit haben, verstehen sie die Sprache der Symptome bei ihren Patienten nicht. Das Nichtverstehen erzeugt das Gefühl der Ohnmacht, das so schnell wie möglich abgewehrt werden muß. Wie wehrt man Gefühle ab? Unter anderem, indem man zu Mitteln greift, die diese Sprache zum Schweigen bringen, so daß man sich selbst nicht ohnmächtig, sondern machtvoll fühlt. Und wie bringt man Symptome zum Schweigen?

Da gibt es viele Mittel, vor allem Medikamente, im Falle der Eßstörungen auch ausführliche Diätvorschriften, die in dem Patienten die Illusion nähren, man kümmere sich bis ins letzte Detail um sein Leben, seine Ernährung, sein Wohlbefinden. Fernsehberichte zeigen oft Kliniken, in denen eine minutiöse Kontrolle des Eßprogramms praktiziert und dadurch in einigen Fällen eine Gewichtszunahme ermöglicht wird. Die psychologische Nebenwirkung der Erfahrung, daß man keine Ausnahme ist, sondern auch andere Menschen unter derselben Krankheit leiden, kann helfen, Magersüchtigen etwas Freude am Leben und vielleicht auch am Essen wiederzugeben.

Aber das Hauptproblem der Magersüchtigen ist damit weder gelöst noch überhaupt berührt worden: die Frage nämlich, weshalb sie sich dem Leben versagen, weshalb sie ihrer Familie nicht vertrauen können, weshalb sie zwanghaft ihre Ernährung kontrollieren müssen. In wenigen Kliniken darf sich die Magersüchtige fragen: Wie ist es dazu gekommen? Was stand am Ursprung meiner Erkrankung? Was empfinde ich? Was möchte ich vermeiden? Diese Fragen werden ihr kaum gestellt. Dabei läßt sich in den meisten Fällen eine Kommunikationsstörung beobachten, eine tiefe Tragik, die oft in der frühen Kindheit begann.

Ich habe einmal eine Fernsehsendung zu dem Thema gesehen, die vier Adoleszente vorstellte. Dokumentationen aus den Kliniken wurden gezeigt, und schließlich diskutierten Experten. Immer wieder meinten diese Ärzte, die Anorexie sei das größte Geheimnis der Medizin, man verstehe überhaupt nicht, woher sie komme. Aber es ließen sich bei der Behandlung Fortschritte erzielen, und vor allem müsse man an eine Heilung glauben.

Daß Besserungen in Therapien erreicht werden, die den Patienten ermöglichen, ihre wahren Emotionen zu erleben und auszudrücken, wurde weder von den Journalisten noch von den anwesenden medizinischen Experten thematisiert, weil vermutlich niemand, der diese Erfahrungen gemacht hat, an dieser Art Debatte beteiligt ist. Meistens werden solche Einzelstimmen zum Schweigen gebracht, weil die Angst, die Eltern zu beschuldigen, so groß ist. Doch ohne dieses Risiko einzugehen, können wir in den meisten Fällen die Emotionen und die Geschichte der Patienten nicht begreifen. Und auch die Eltern lernen nicht zu verstehen, wenn sie aus Angst vor den Schuldgefühlen, die das in ihnen wecken könnte, das Wissen abwehren. So ergibt sich ein Teufelskreis. Die Eltern leiden unter den Symptomen ihres Kindes, möchten ihm helfen, wissen aber nicht wie, und auch die Ärzte dürfen die Beweggründe der Jugendlichen nicht erfassen – es sei denn, sie hätten selbst die Erfahrung gemacht, daß Vorwürfe der Kinder die Eltern nicht umbringen, sie im besten Falle mit ihrer eigenen Geschichte konfrontieren. Eine solche Konfrontation kann die Eltern vielleicht motivieren, mit ihrem Kind auf einer viel tieferen Ebene zu kommunizieren, als dies bisher möglich war.

In der erwähnten Debatte sprachen Experten über die Anorexie, als handelte es sich um ein rein körperliches Phänomen, das gar keinen Sinn haben *könne*, und ihre Erklärungen leuchteten wohl den meisten unter den Zuschauern ein. Daß das Hungergefühl ausbleiben kann, wenn der Betroffene sehr abgenommen hat und sich weiter mineralarm und stark reduziert ernährt, läßt sich leicht nachvollziehen. Daß dann der Appetitmangel bereits auch physiologische und anatomische Ursachen hat, ebenfalls. Das alles leuchtet ein, aber es erklärt nicht den Ursprung der sogenannten Krankheit, sondern ihre späteren Phasen. Am Anfang steht die Tragik eines jungen Menschen, der sich mit seinen Gefühlen niemandem anvertrauen konnte und daher seine Konflikte selbst nicht begreift. Nun begegnet er in der medizinischen oder psychiatrischen Behandlung Fachleuten, die diese Konflikte ebenfalls meiden, aus Angst, den eigenen Eltern Vorwürfe zu machen. Wie sollen sie den jungen Menschen beistehen? Den Mut, ihr Unbehagen, ihre Schmerzen, ihre Enttäuschungen, ihre Wut zu artikulieren, können die Betroffenen nur aufbringen, wenn sie von jemandem begleitet werden, der diese Ängste nicht teilt oder der sie bereits bei sich kennengelernt hat und zulassen kann.

Zweifellos ist die eigene emotionale Entwicklung die Voraussetzung für eine erfolgreiche therapeutische Tätigkeit. Aber ich könnte mir vorstellen, daß die Hilfeleistung der Therapeuten, Ärzte, Sozialarbeiter an Qualität gewinnen würde, wenn das Wissen über die Kindheit weiter verbreitet wäre. Bis jetzt scheint dieser Bereich in der medizinischen Welt noch ein großes Tabu darzustellen.

Die Einsicht in diese Notlage der Medizin haben bereits viele Menschen gewonnen, das schützt sie aber nicht davor, allzuleicht zu Opfern von Scharlatanen zu werden, die ihnen allerlei alternative Praktiken vorschlagen, Hoffnungen auf Heilung wecken und manchmal auch Besserungen bewirken können, wenn Hoffnung und Glaube stärker sind als Urteilskraft und Menschenkenntnis der Patienten. Was soll aber derjenige machen, der diesen Glauben nicht teilt und den körperliche Symptome quälen? Die Arbeit an der eigenen verleugneten und verdrängten Kindheitsgeschichte hat in vielen Fällen eine Linderung gebracht, vor allem wenn dem Betroffenen das Glück zuteil wurde, einem empathischen Menschen zu begegnen, der seine eigene Geschichte emotional entschlüsselt hat.

Ich habe lange angenommen, daß die Verarbeitung der eigenen Kindheitsgeschichte ohne Zeugen möglich sei, weil ich diesen Weg allein suchen mußte, mit Hilfe des Malens und Schreibens. Aber schließlich hatte ich das Glück, eine Wissende Zeugin zu finden, und erst dank ihrer empathischen Begleitung war es mir möglich, Wahrheiten zuzulassen, die ich alleine niemals hätte ertragen können. Erst das verschaffte mir die Freiheit, die Botschaften des Körpers und der Emotionen voll und ganz ernst zu nehmen, sie nicht immer wieder in Frage zu stellen.

Doch auch wenn wir noch nicht das Glück haben, einem empathischen Therapeuten zu begegnen, der seine Kindheit selber verarbeitet hat und sie nicht auf uns projizieren muß, kann es uns helfen, jemandem von unserer traumatischen Kindheit zu erzählen, wenn dieser Zuhörer die prägende Bedeutung dieser Erlebnisse kennt und nicht bagatellisiert. Ein solcher Zuhörer war der Psychologe James W. Pennebaker, der die Ergebnisse seiner Untersuchungen im Buch *Opening Up* beschreibt. In einem der vielen Experimente bat er beispielsweise Studenten in Einzelkabinen über schmerzhafte Erlebnisse zu berichten und die begleitenden Emotionen zuzulassen. Eine andere Gruppe sollte Ereignisse schildern, die ihre Gefühle kaum berührten, zum Beispiel den Kauf von Wäsche oder ähnlichem. Die Befragten waren Psychologiestudenten und zugleich ambulante Patienten im Gesundheitsdienst der Universität. Es stellte sich nach dem Experiment heraus, daß diejenigen, die über affektiv besetzte Erfahrungen berichtet hatten, später weniger oft den Arzt aufgesucht haben als diejenigen, die über gleichgültige Begebenheiten sprachen. Auch verschiedene Körperfunktionen wie Puls, Blutdruck, Herz- und Hautzustand wurden untersucht, und beide Gruppen wiesen sehr unterschiedliche Werte auf.

Daraus folgert Pennebaker, wie mir scheint zu Recht, daß sich der Gesundheitszustand schon bessert, wenn der Betreffende die Möglichkeit hat, die für ihn schmerzlichen Erlebnisse jemandem mitzuteilen, mit dessen Interesse und Verständnis er rechnen kann. Sicherlich genügt dies nicht, um eine schwere Erkrankung wie die Anorexie zu heilen, es könnte aber zur Genesung beitragen. Dennoch wird diese Chance in der ärztlichen Behandlung nur selten wahrgenommen. Zunächst weil Ärzte kaum Zeit haben, ihren Patienten zuzuhören, und, falls sie sich doch die Zeit nehmen, ihnen das notwendige Wissen fehlt, um die Sprache der Gefühle richtig zu verstehen. Der wichtigste Grund liegt vermutlich in der Angst vor dem Aufleben der eigenen Kindheitstraumen. Diese Angst wird leider häufig dadurch abgewehrt, daß man dem Patienten Angst macht.

Isabelle, eine fünfzigjährige Schauspielerin aus Chicago, erzählte mir neulich unter anderem von einem Besuch bei einem Internisten, der ihr von mehreren Seiten empfohlen worden war. Sie litt zu der Zeit an einer chronischen Darmentzündung, die unmittelbar nach einem psychischen Schock begonnen hatte. Isabelle war fest davon überzeugt, daß sie mit Hilfe eines anderen Menschen an die einzelnen Gefühle dieses Schockerlebnisses herankommen müsse, um den plötzlichen Ausbruch der Krankheit, ihre Bedeutung und Hartnäckigkeit zu verstehen. Daher weigerte sie sich, Antibiotika zu nehmen. Sie hatte kein Fieber, litt aber unter Krämpfen, die sie als Ausdruck ihrer seelischen unterdrückten Schmerzen empfand. Sie hatte bereits mehrere Ärzte konsultiert, auch Homöopathen, und alle hatten sich freundlich die Geschichte ihres Problems erzählen lassen, um ihr schließlich und endlich einfach nur Medikamente zu verschreiben.

Von diesem neuen Arzt erwartete sie sich mehr Teilnahme und Verständnis, weil er sie als erstes bat, die wichtigsten Erkrankungen ihres Lebens zu schildern, und scheinbar aufmerksam zuhörte. Sie war sehr mit sich zufrieden, als es ihr gelang, innerhalb von zehn Minuten ihr Hauptanliegen darzulegen. Wie ein roter Faden zog sich die Erfahrung durch ihr Leben, daß man ihre psychische Not ignorierte und sie mit Medikamenten zu heilen vorgab. Sie litt oft unter den Nebenwirkungen der jeweiligen Präparate, ohne daß diese sie von den Symptomen befreit hätten, was ihre Angst nur noch verstärkte.

In ihrem Bemühen, der Ursache nachzugehen, machte sie deutlich, daß sie zwar Schmerzen quälten, sie diese aber in Kauf nehmen wolle, weil sie überzeugt war, daß sie nachlassen würden, wenn sie den Grund ihrer Krankheit verstünde. Ihr waren bereits verschiedene Organe herausoperiert worden, und jedesmal meldete sich ein anderes Organ, das dann ebenfalls operiert wurde. Sie wollte diese Geschichte nicht wiederholen.

Der Arzt hörte sich alles an, machte auch Notizen, und als sie zu sprechen aufhörte, griff er nach seinem Rezeptblock und verschrieb ihr eine dreiwöchige Antibiotikakur. Er sagte, sie müsse diese sofort beginnen, wenn sie nicht an Krebs erkranken oder demnächst eine weitere Operation und einen künstlichen Darmausgang riskieren wolle. Die Frau erschrak gewaltig und wollte noch etwas fragen, aber der Arzt wies auf die Uhr und sprach von wartenden Patienten. Er fügte hinzu, sie wisse jetzt, wie es um sie stehe, und trage selber die Verantwortung, wenn sie seine Anweisungen nicht strikt befolge.

Es ist nicht verwunderlich, daß Isabelles Verzweiflung und ihre Schmerzen in den darauffolgenden Tagen noch zunahmen. Als sie später auf Empfehlung eines anderen Arztes verschiedene Tests durchführen ließ, stellte sich heraus, daß die Blutwerte normal waren und die Ultraschalluntersuchung keine besonderen Anomalien im Darm ergab. Sie wartete mit der Antibiotikakur und fand eine Psychotherapeutin, mit der sie den Schock, der die Krankheit ausgelöst hatte, bearbeiten konnte. Sie konnte ihre Emotionen und starken Gefühle zum Ausdruck bringen, die sie zu frühen Kindheitssituationen zurückführten. Schon nach wenigen Wochen ließen die Symptome im Darmbereich nach, und sie begann immer besser zu verstehen, wie sich in all ihren Krankheiten die Not ihrer Kindheit widerspiegelte.

Selbstverständlich gelingt es nicht immer, die vielfältigen Ursachen einer solchen Erkrankung in so kurzer Zeit zu finden. Aber wenn es glückt, sind die Folgen verblüffend. Auf jeden Fall ist die Bereitschaft des Patienten, diesen Weg einzuschlagen, unabdingbare Voraussetzung. Aber ebenso wichtig ist, daß die therapeutischen Chancen eines solchen Vorgehens, des Sprechens und Zuhörens, *nicht* ignoriert werden.

Aus den unzähligen ähnlichen Begegnungen mit Ärzten, die ich aus Patientenberichten kenne, habe ich gerade diese Begebenheit ausgewählt, weil sie so deutlich eine Dynamik offenbart, die dem leidenden Patienten zumeist entgeht und auch entgehen soll. Diese Dynamik entsteht aus dem Bedürfnis der Ärzte, ihre eigenen Ängste und Ohnmachtgefühle zu verschleiern und ihr Prestige zu retten. Ich habe den Eindruck, daß die klare Darstellung der destruktiven Rolle der Medizin im Leben von Isabelle den Arzt mit einer Problematik konfrontierte, über die er vielleicht noch nie reflektiert hat, der er sich nicht stellen wollte oder der er menschlich einfach nicht gewachsen war. Er schien zunächst bereit, sich der Krankengeschichte der Patientin zu widmen, in der Erwartung, sie würde wie die Mehrzahl seiner Patienten Symptome schildern, die zu behandeln er an der Universität gelernt hatte. Doch sie sprach von ganz anderen Dingen, sie zeigte ihm auf, wie die medizinische Behandlung immer wieder Organe in ihr *zerstörte*, wie sie zu Operationen führte, die wiederum angeblich weitere nötig machten. Es ist unwahrscheinlich, daß dieser Arzt während seiner Ausbildung und Praxis niemals von ähnlichen Schicksalen gehört hat. Aber der psychische Hintergrund war ihm offenbar unbekannt, vermutlich weil die Art und Weise, wie sich in der unbarmherzigen Selbstzerstörung eines Patienten die tragische Geschichte seiner Kindheit widerspiegelt, auf der Universität kein Thema war.

Kann man hier von Selbstzerstörung sprechen? Kann sich der Patient gegen Operationen wehren, die ihm von mehreren Spezialisten nicht nur dringlich angeraten, sondern als die einzige Überlebenschance aufgezwungen werden? Wo soll er sonst Rat suchen, wenn nicht bei diesen Autoritäten? Zugegeben, ein Mensch, der als Kind mit Eltern leben durfte, die ihre Ängste und andere Gefühle verarbeiten konnten, ohne sie an ihn zu delegieren, würde im hier geschilderten Fall sofort merken, daß der Arzt versucht, seine Angst der Patientin zuzuschieben. Gerade weil ein ohne Täuschungen und Mißhandlungen aufgewachsener Mensch dieses Reaktionsmuster als Kind nicht erleben mußte, wird er die Fähigkeit entwickelt haben, unbewußte Manipulationen zu durchschauen. Aber er wird vermutlich auch nicht unter chronischen Darmentzündungen leiden, wenn er als Kind das hat artikulieren dürfen, was ihn bewegte. Daher gehören solche Menschen selten zu den Patienten, die psychosomatisch erkranken. Jene indessen haben in der Kindheit eine ganz andere Haltung entwickeln müssen, nämlich: keine Fragen zu stellen, fremde Ängste zu übernehmen, Widersprüche zu tolerieren und sich dem System der Macht zu fügen. Das müssen sie möglicherweise ihr ganzes Leben lang tun, wenn ihnen nicht günstige Umstände eine neue Orientierung ermöglichen.

Für Isabelle bedeutete das Gespräch mit dem Arzt einen Wendepunkt. Was ihm in ihrer Schilderung entgangen war, hatte sie sich bestens gemerkt. Ihr wurde klar, daß es jetzt an ihr lag, die Konsequenzen zu ziehen. Sie konnte nicht erwarten, daß ein fremder Mensch, selbst ein angesehener Arzt, sich innerhalb von zehn Minuten einen Einblick in ihre Tragik verschaffen konnte. Dafür war er weder ausgebildet noch motiviert. Die Botschaft ihres Körpers zu entziffern war ihre Aufgabe. Nur sie konnte und mußte dies bewerkstelligen. Zunehmend wurde ihr bewußt, daß ihre Symptome eine Geschichte aus ihrer sehr frühen Kindheit erzählten und daß sie, um sich dieser Geschichte zu nähern, eine Begleitung brauchte. Sie spürte, daß sie die Schmerzen des kleinen Kindes nicht aufdecken, nicht allein durchstehen konnte. Sie mußte einen Zeugen finden, dem sie sagen konnte »Schau, das ist mir passiert« und der bereit war, dies ernst zu nehmen, weil er in seiner Kindheit ähnliches erfahren hatte. Als es ihr schließlich gelang, eine solche Begleitung zu finden und den etliche Monate zurückliegenden Schock emotional zu verarbeiten, konnte sie mit deren Hilfe auch die totale Ohnmacht entdecken, in der sie ihre Kindheit verbracht hatte.

Nachdem sie ihren Vater fünfzig Jahre lang idealisiert hatte, gelang es ihr nun, durch den Beistand ihrer Therapeutin, die Wahrheit zuzulassen. Sie war von ihrem Vater, einem sehr erfolgreichen Dermatologen, in den ersten Lebensjahren sexuell mißbraucht worden, und da sie ihre Gefühle niemandem offenbaren konnte, litt sie sehr oft an Bauchschmerzen und Verstopfung. Des Vaters Antwort darauf waren häufige Einläufe, die für sie schmerzhaft waren. Außerdem forderte er,

sie möge den Inhalt des Einlaufs so lange wie möglich zurück-
halten. Auf der symbolischen Ebene bedeutete das für das
Kind, schweigen zu müssen, alleine mit den Qualen zu bleiben und sich der Gewalt des Vaters zu fügen. Doch die Gewalt äußerte sich keineswegs in offener Brutalität, sondern
vielmehr im Ignorieren der Persönlichkeit des Kindes. Der
Vater degradierte sie zu einem Objekt, bei dem er sich seine
Befriedigung holte, ohne sich im geringsten darum zu kümmern, welche Auswirkungen seine Handlungen für ihr Leben
hatten. Eine der Konsequenzen war, daß Isabelle sich jahrzehntelang den Ärzten so gefügt hat, wie sie sich als kleines
Mädchen ihrem Vater fügen mußte. Damals hatte sie keine
andere Wahl, denn die Mutter hat sie nicht beschützt.
Doch weshalb auch später? Als erwachsene und gebildete
Frau hätte sie doch zweifellos die Möglichkeit gehabt, sich
einen Arzt oder eine Ärztin auszusuchen, die ihr wirklich zu-
gehört hätten. Weshalb hat sie es nicht getan? Sie meint
heute, daß sie es nicht hatte tun können, solange sie nicht
sehen konnte, wie ihr Vater wirklich zu ihr war. Sie kam zu
mir, nachdem sie das Buch von Marie-France Hirigoyen *Die
Masken der Niedertracht* gelesen hatte, und meinte, endlich
den Schlüssel zu ihrem Leben gefunden zu haben. Isabelle
hatte eine klassische Psychoanalyse hinter sich, die dazu geführt hatte, daß sie zwar die »Fehler« ihrer Eltern benennen
konnte, als Erwachsene diese aber verstehen mußte.
Die Darmerkrankung mit fünfzig Jahren, die vielen Operationen und die Lektüre des Buches machten Isabelle klar, daß
sie ihr Leben zerstörte, wenn sie weiter versuchte, das idealisierte Bild ihres Vaters aufrechtzuerhalten und die Signale
ihres Körpers zu ignorieren. In *Die Masken der Niedertracht*
fand sie die Beschreibung einer Perversion, deren Züge ihrem

Körper nur zu gut bekannt waren. Doch ihr Verstand lehnte es ab, den Charakter ihres Vaters zur Kenntnis zu nehmen. Diese Weigerung machte es nötig, daß die körperlichen Schmerzen nicht nachließen, bis Isabelle sich mit der vollen Wahrheit konfrontieren konnte.

Erst nach der Entdeckung ihrer sehr frühen Kindheitssituation verstand sie auch, weshalb sie mit dem, was sie ihr »Schockerlebnis« nannte, bei niemandem auf Mitgefühl oder Verständnis stieß. Denn hinter den Fakten, die sie mitzuteilen versuchte, verbarg sich das Leiden des kleinen Mädchens, das noch gar nicht sprechen kann, das ganz auf das Verständnis der Erwachsenen angewiesen ist und allein gelassen wird. So hat Isabelle zwar den Schock gespürt, aber die ganze Dimension dieses Erlebnisses blieb ihr selbst verborgen, solange sie um jeden Preis ihre Liebe zum Vater erhalten wollte.

Von außen gesehen war eigentlich gar nichts Spektakuläres geschehen, kein Unfall, kein Herzinfarkt, kein Ereignis, das sofort das Mitgefühl der Umwelt gesichert hätte. Was Isabelle wie ein Blitz aus heiterem Himmel traf, war die Erkenntnis, daß sie einem Muster nachhing, das ihr Leben, ihre Gesundheit und ihre Beziehungen zerstörte, und daß jetzt etwas Grundsätzliches geschehen mußte. Um zu verdeutlichen, wie es zu dieser Einsicht kam, muß ich hier über einige Einzelheiten berichten.

Der Schock ereignete sich, als Isabelle mit ihrer Theatergruppe zu einem Gastspiel nach Dublin reiste, wo sie ihre Kindheit verbracht hatte. Sie nahm sich vor, dort ihren Jugendfreund John zu treffen, von dem sie sich immer gemocht und verstanden gefühlt hatte. Die beiden hatten sich vor dreißig Jahren aus den Augen verloren, als Isabelle in die

USA auswanderte. Dort hatte sie geheiratet, zwei Söhne bekommen, sich aber von ihrem Mann Bernhard nach kurzer Ehe scheiden lassen. Sie dachte selten an John, weil Irland ihr inzwischen fremd geworden war, aber wenn sie sich seiner besann, dann stets mit warmen Gefühlen. Manchmal fragte sie sich: Weshalb bin ich nicht bei John geblieben? Er hat mich wirklich geliebt. Bin ich vor meinem Glück davongelaufen?

In der Phantasie sah sie John immer noch als den schüchternen, verträumten jungen Mann, der sie bewunderte und keine Forderungen an sie stellte. Ihr heutiger Partner Peter war so ganz anders, er brauchte ständig ihre Bestätigung und geriet bei der geringsten Frustration in Zorn. Zu dem Gastspiel in Irland hatte er sie nicht wie üblich begleitet, so daß Isabelle sich darauf einstellen konnte, in Dublin dem jungen Mädchen wieder zu begegnen, das gerade die Klosterschule verlassen hat. Endlich frei, wollte sie so schnell wie möglich all das vergessen: die Schläge, die Demütigungen, die ständige Kontrolle und die Dunkelkammer, in die sie so häufig für das geringste Zeichen von Rebellion eingesperrt worden war. Sie wollte nun von John hören, wieviel er damals von ihrer Wut, ihrer Angst und Einsamkeit gespürt hatte.

Aber John hatte nichts gemerkt. Jetzt, bei der Begegnung in Dublin, versuchte er sogar, ihr ihre Erinnerungen auszureden. »Nein, du täuschst dich«, sagte er, »du warst damals fröhlich, lebendig, ausgelassen, man spürte gar kein Leiden in dir. Weißt du nicht mehr, wie oft wir getanzt haben, in Konzerte gingen, Theater besuchten? Du warst neugierig aufs Leben, und ich habe dich sehr bewundert.«

Isabelle wußte nicht, noch nicht, weshalb sie enttäuscht war. Er war ja freundlich und sagte die Wahrheit. Er hatte damals nur das wahrgenommen, was sie ihn wahrnehmen ließ. Doch nach dieser Begegnung erwachte sie mitten in der Nacht im fremden Hotel in Dublin, der Stadt ihrer Kindheit, mit starken Darmkoliken. Sie wollte keinen Arzt rufen, weil sie spürte, daß diese Schmerzen mit dem Wiedersehen mit John zu tun hatten, aber sie wußte nicht, *was* es war, das ihr den Stoß versetzt hatte. Erst als sie gegen Morgen verzweifelt in Tränen ausbrach, stieg der seelische Schmerz in ihr hoch, der beinahe sofort die Bauchkrämpfe ablöste. Allmählich fand sie die Worte: »Nicht einmal John hat mein Leiden gesehen, er sah nur das fröhliche Mädchen in mir, das ich manchmal auch war, aber vieles habe ich ihm und mir selber vorgespielt. Niemand hat mich jemals gesehen, ich war mit allem, was weh tat, immer vollkommen allein.« Die Hoffnung, in John einen Wissenden Zeugen zu treffen, hatte sich als Illusion erwiesen.

Das Weinen war so heftig, wie sie es noch nie zuvor in ihrem Leben erfahren hatte. Um nicht allein mit diesem Schmerz zu sein, wollte sie Peter anrufen. Aber rücksichtsvoll, wie sie war, wollte sie ihn nicht wecken. Sie wartete also noch die sieben Stunden ab, bis es auch in Chicago Tag wurde, und fragte dann, ob er ihr einen Moment zuhören könne. Sie brauchte jetzt nur das, weil sie nicht allein weinen wollte. Peter um diesen Gefallen zu bitten fiel ihr nicht leicht, sie hatte dies noch nie getan.

Doch ihr Bedürfnis, ein Zeichen von Mitgefühl von einem nahen Menschen zu erhalten, war im Moment so stark, daß sie alle Vorsicht fallenließ. Sie sagte später zu mir:

»Natürlich habe ich mir Verständnis gewünscht, weil ich mich selber noch nicht ganz verstehen konnte, nicht begreifen konnte, weshalb ein ›kleiner‹ Anlaß plötzlich eine solche Flut von Tränen ausgelöst hatte, aber auch ohne sein Verständnis hätte es mir gut getan, ein freundliches Wort von Peter zu hören. Doch was ich zu hören bekam, waren brutale Vorwürfe.

Er war durch meinen Anruf offenbar total überfordert. Wie ich dazu komme, ihn so zu überfallen, er müsse jetzt in sein Anwaltsbüro und werde sich dort genug Sorgen anhören. Ich würde alles dramatisieren, ob mir meine Dramen auf der Bühne nicht genügten? Schließlich habe er mir von dieser Reise abgeraten, aber ich würde ja nie auf ihn hören. Es sei übrigens ganz normal, daß ein Besuch in der Geburtsstadt Erinnerungen auslöse, das gehe bald vorbei.«

Nach diesem Telefonat versuchte Isabelle wie üblich, Peters Situation zu verstehen, seine Überforderung, vielleicht auch Angst vor der Intensität ihrer Gefühle, aber ihr Körper wollte nicht mitspielen. Er signalisierte sofort seine Enttäuschung mit erneuten Koliken, die sie zwangen, einen Arzt aufzusuchen. Dieser gab ihr homöopathische Mittel, und sie konnte sogar trotz der schlaflosen Nacht abends auf der Bühne stehen, aber ihre Erschöpfung und Trauer waren so groß, daß sie am nächsten Tag nach Hause fuhr. In Chicago meldeten sich die Schmerzen wieder, und so wurde sie »chronisch krank«. Sie suchte unzählige Ärzte auf, schluckte zahllose Tabletten, bis sie letztlich auf die Psychotherapeutin stieß, bei der sie erkennen konnte, was der Mißbrauch durch ihren Vater für ihr bisheriges Leben bedeutete.

Ich bin nicht der Meinung, daß die bloße Aufdeckung der Inzestgeschichte genügt hätte, um Isabelle zu heilen. Diese Ent-

hüllung, begleitet von starken Gefühlen, die sich daran
knüpften, war sicher eine notwendige, aber keine ausreichende Bedingung der Heilung. Ganz entscheidend war, daß
sie Isabelle eine ganze Reihe von weiteren Entdeckungen und
Entscheidungen ermöglichte. Sie warf plötzlich ein starkes
Licht auf all ihre bisherigen Männerbeziehungen, die von
diesem frühen Mißbrauch und ihrem Mißtrauen geprägt waren. Sie ermöglichte ihr auch, nun ihre Position Peter gegenüber zu revidieren.

Durch die emotionale Erschütterung in Dublin und die
abweisende, unempathische Reaktion Peters am Telefon
konnte sie erkennen, wie sehr sie gelitten hatte, wenn Männer ihre Realität ignorierten. Aber sie konnte jetzt auch erkennen, wie sehr sie selbst dazu beigetragen hatte, indem sie
ihnen eine ganz andere Isabelle vorgetäuscht hat. Für John
war sie die unkomplizierte, fröhliche Begleiterin seiner Jugend, für ihren geschiedenen Mann Bernhard und später für
Peter war sie das verfügbare Objekt, das angeblich nichts
von ihnen braucht. Mit den beiden Söhnen ergab sich diese
Verhaltensweise aus ihrer Rolle als Mutter eigentlich ganz
selbstverständlich. Doch gerade hier, und nur hier, wo ihre
Verfügbarkeit eigentlich richtig gewesen wäre, nahm sie sich
manchmal das Recht, sich zu verweigern, was ihren Kindern
nicht begreiflich war und sie auch verletzte. Ihre echten Gefühle durfte Isabelle nur in ihrem Beruf ausdrücken, aber
diese gehörten dann tragischerweise der anderen Person, die
sie jeweils darstellte. Sie selbst hatte kein Recht auf ihre Identität. Man hatte dem Kind sehr früh dieses selbstverständliche Recht verweigert, und nun fuhr sie fort, es sich selber
vorzuenthalten, fünfzig Jahre lang.

Die unbarmherzigen Darmkoliken, die in der Nacht nach

der Begegnung mit John zum ersten Mal einsetzten, konfrontierten Isabelle mit der Frage: Wer bin *ich* eigentlich? Warum bin ich in all meinen Beziehungen nicht voll vorhanden? Ich leide, wenn man mich nicht sieht, aber wie können mich die anderen sehen, wenn ich mich nicht zeige, wenn ich mein wahres Wesen vor ihnen verberge? Und warum tue ich das?

Diese Fragen konnte sie sich später, in der Therapie, beantworten. Dort hat sie allmählich realisiert, daß sie, vielleicht seit der Geburt, eine Überlebensstrategie entwickeln mußte, um sich vor dem Schmerz des Kindes zu schützen, das von seinen Eltern nie als Person wahrgenommen wurde und lediglich zur Erfüllung ihrer eigenen Bedürfnisse benutzt wurde. Um diesen Schmerz zu vermeiden, lernte Isabelle ihre Gefühle und Bedürfnisse auszuklammern, sie vor den anderen und sich selber zu verbergen und einfach nicht präsent zu sein, nicht vorhanden. Es war, als hätte sie sich selbst umgebracht, sagt sie heute. Sie meint, daß sie in ihrer Kindheit eine Spaltung ihrer Persönlichkeit vollzogen habe.

In der Therapie hat Isabelle verstanden, daß sie das schon getan hat, als sie vom Vater sexuell mißbraucht wurde, daß sie dort gelernt hat, ihr wahres Wesen vor dem Menschen zu verstecken, den sie liebte und der sie zutiefst damit verletzte, daß seine Berührungen nicht ihr als Person galten. Als fünfzigjährige Frau konnte sie mir nun in die Augen schauen und sagen:

»Ich habe das Bedürfnis, es auszusprechen, und gerade vor Ihnen, weil Sie *Du sollst nicht merken* geschrieben haben: Mein Körper war für ihn nichts anderes als ein Werkzeug für seine Masturbation. Können Sie sich vorstellen, wie man sich fühlt, wenn man das entdeckt? Er hat nicht eine Sekunde lang daran gedacht, daß er mein Leben damit zerstört, weil ich als Person, als empfindender Mensch, für ihn gar nicht existierte. Es tut mir immer noch weh, wenn ich das ausspreche, aber es war nötig, daß ich endlich aus der Selbsttäuschung, mein Vater hätte mich geliebt, herauskam.

Diesen Schmerz spürte ich bewußt zum ersten Mal, als ich von John hörte, daß er in mir nur das fröhliche Mädchen gesehen habe. Jetzt bin ich froh um diese Nacht in Dublin, weil ich immerhin noch ein Stück Leben vor mir habe, das ich von diesem Fluch befreien will. Ich brauche mich nicht mehr zu verstecken, weil ich mich nicht mehr vor dem schützen muß, was bereits geschehen ist. Aber solange ich das so gründlich verleugnen mußte, suchte ich mir ständig Partner, die eigentlich gar nicht mich meinten. Ich habe jetzt aufgehört, das brave Mädchen zu spielen. Ich habe aufgehört, mein wahres Selbst in den Theaterrollen zu suchen. Ich habe endlich gewagt, das zu sein und zu leben, was ich bin. Seitdem leide ich nicht mehr an Koliken.«

Als Freud vor mehr als hundert Jahren die Entdeckung machte, daß Neurosen häufig auf die Verdrängung von Inzesterlebnissen zurückzuführen sind, meinte er noch, es genüge, die Verdrängung und Verleugnung aufzuheben – allenfalls mit Hilfe der Hypnose –, um bei der Patientin eine Heilung zu bewirken. Da dies aber in den meisten Fällen nicht gelang, gab er seine Hypothese über den Ursprung der Neurosen in der Verleugnung der traumatischen Kindheit auf und entwickelte die Psychoanalyse, die diese Hypothese bekanntlich ablehnt.

Ich meine, daß Isabelles Geschichte uns zu verstehen hilft, weshalb Freuds Patientinnen den Durchbruch nicht geschafft haben. Es genügt nicht, die Verdrängung aufzugeben (und schon gar nicht mit Hilfe der Hypnose, die oft willkürlich die Barrieren der Abwehr mißachtet), um sich von frühesten Überlebensstrategien zu befreien und dem einst betrogenen Kind den Weg zum Vertrauen zu öffnen. Auch erzieherische Maßnahmen und gutes Zureden reichen nicht aus, um das versteckte Kind im Erwachsenen zu ermutigen, zu sich selber zu stehen. Nicht, solange der Körper mit seinem Wissen allein bleibt. Erst die Entdeckung der Wahrheit und der logischen Folgerichtigkeit der kindlichen Strategien ermöglicht die Befreiung von ihnen und von den fast automatischen Wiederholungen in der Gegenwart. Und erst in der Sicherheit einer integren Begleitung kann dies geschehen.

Der Heilungsprozeß benötigt beides, sowohl die Konfrontation mit der traumatischen Kindheit als auch die Aufdeckung der zahlreichen Abwehrmechanismen, die aufgebaut werden mußten, um das Kind vor den unerträglichen Schmerzen zu schützen. Doch der Erwachsene kann beides leisten.

Isabelle hat natürlich längst begriffen, daß ihre Erwartungen den Internisten völlig überfordert hatten. Sie nimmt ihm heute seine Grenzen nicht mehr übel, sagt sie. Aber sie meint, daß es ihr geholfen hätte, wenn er zum Beispiel hätte sagen können: Sie scheinen auf der richtigen Spur zu sein. Der Darm ist ganz besonders empfindlich und reagiert sehr häufig auf seelisches Leiden mit Krämpfen. Versuchen Sie mit einem Fachmann über Ihren Schock zu sprechen. Schon das kann sehr viel Gutes bewirken.

Ich bin fest davon überzeugt, daß man viele Operationen

und Tragödien verhindern könnte, wenn Ärzte zunehmend zu dieser Haltung bereit wären, anstatt den Patienten Angst einzujagen, ohne sich um deren Geschichte zu kümmern. Niemand erwartet von einem Internisten, daß er in einem so komplizierten Fall wie dem von Isabelle eine Lösung findet oder der Patientin ermöglicht, nicht nur die emotionalen Gründe ihrer Symptome wahrzunehmen, sondern auch den Nährboden dieser Emotionen in der Geschichte der Kindheit zu entdecken. Aber er hätte es *ihr* erleichtert, die wahren Gründe ihrer Erkrankung aufzuspüren, wenn er seine eigenen Grenzen respektiert und eine Ahnung von der Psychosomatik gehabt hätte. Statt dessen beschränkte er sich auf die Ausübung seiner Macht und die Delegation der Angst auf die Patientin.

Ich wollte mit diesem Kapitel keineswegs Werbung für alternative Medizin betreiben. Nichts liegt mir ferner als das. Ich wollte nur anhand von Beispielen aufzeigen, daß auch die Medizin profitieren kann, wenn sie den Faktor Kindheit nicht mehr vernachlässigt, sondern ihn in die ärztliche Ausbildung einbezieht. Das gleiche gilt natürlich auch für die Psychotherapie.

2. Das Umgehen der Kindheitsrealität
in der Psychotherapie

Laien halten es vielleicht für selbstverständlich, daß sich Psychotherapeuten mit der Kindheitsgeschichte der Klienten beschäftigen. Doch dies ist keinesfalls die Regel. Im Gegenteil, es gibt zahlreiche Richtungen in der Psychotherapie, die die Kindheit aus ihrer Arbeit ausklammern oder sie nur gelegentlich streifen, wenn das nicht zu umgehen ist. Sehr viele Therapeuten sind sogar der Meinung, daß die Beschäftigung mit der Kindheit schädlich sei, weil sich der Patient als Opfer erlebe statt als der erwachsene, verantwortliche Mensch, der er jetzt sei.

Auch ich bin überzeugt, daß der erwachsene Mensch für sein Verhalten verantwortlich ist und nur als Kind ein hilfloses Opfer war. Aber meines Erachtens kann gerade die Kenntnisnahme seiner Geschichte ihm helfen zu begreifen, weshalb er sich immer noch als hilfloses Opfer *fühlt*. In der Psychotherapie kann er dies verstehen lernen und die Opferhaltung aufgeben. Angeblich gibt es Menschen, denen Verhaltenstherapeuten geholfen haben, ihre Ängste zu verlieren, und man kann sie dazu nur beglückwünschen. Aber vielen Menschen ist dies nicht gegeben; sie können sich auch durch Medikamente nicht von der Depression befreien, weil es für sie wichtiger ist zu erfahren, wer sie sind und weshalb sie so geworden sind, als keine Depressionen zu haben.

Für diese Menschen kann die Arbeit an ihrer Kindheit eine Fundgrube bedeuten, und es ist sehr bedauerlich, daß bei der psychiatrischen Ausbildung der Schwerpunkt der Behandlung heutzutage auf der Verabreichung von Medikamenten liegt (Luhrmann). Es leuchtet natürlich ein, daß eine regelmäßige Dosis Dopamin von einem Patienten als segensreich empfunden wird, wenn sein Gehirn diesen chemischen Stoff nicht produziert. Aber die Frage, weshalb sein Gehirn es nicht tut, wird so nicht beantwortet. Die Antwort auf diese Frage könnte jedoch den Schlüssel zu einer echten Heilung enthalten.

Es mag sein, daß ein gut abgestimmtes Mittel vorübergehend hilft, insbesondere dann, wenn der Patient sich nicht für die Ursachen seiner Krankheit interessiert. In diesem Fall bleibt dem Arzt vielleicht nichts anders übrig, als ihm Medikamente zu verschreiben. Doch viele Psychiater tun es auch dann, wenn die Exploration an sich möglich wäre.

Als problematisch erachte ich die heutige Tendenz, Psychotherapien medikamentös zu begleiten, weil die meisten der Sedativa das Interesse des Patienten an seiner traumatischen Kindheit schwächen bzw. ihm die kindliche Realität noch mehr verdunkeln und damit einen möglichen Erfolg der Psychotherapie nachhaltig gefährden.

In einer mir bekannten Familie litt die Frau über zwanzig Jahre lang immer wieder unter schweren Depressionen, die sie zeitweise ans Bett fesselten, weil sie auch das Essen verweigerte und kaum die Kraft hatte aufzustehen. Unzählige Ärzte haben ihren Zustand behandelt, mit Medikamenten und Gesprächen. Es folgten immer wieder Remissionen, aber auch Rückfälle von erschreckender Heftigkeit. Als ich einmal zufällig ihren Mann traf und mich nach ihrem Zustand erkundigte, sagte er verzweifelt, er könne ihre Selbstzerstörung kaum noch mit ansehen. Ich fragte ihn, ob sie in ihren Therapien etwas über ihre Kindheit herausgefunden habe. »Um Gottes willen«, meinte er, »das würde sie umbringen.« Er kannte beide Elternteile, die sehr tyrannisch mit ihrer Tochter umgingen.

Der Mann führte gemeinsam mit seiner Frau ein Reisebüro. Als ich wieder einmal anrief und die Frau sich meldete, fiel mir die Änderung in ihrer Stimme auf. Ich fragte, wie es ihr gehe, und sie antwortete, daß sie seit einem Jahr keine Depressionen mehr habe, obwohl die Geschäfte nicht gerade rosig liefen. Aber ihr Zustand hatte sich bereits nach kurzer Zeit gebessert, als sie eine Therapeutin fand, die ihr keine Tabletten verabreichte, sondern sie von ihrer Kindheit erzählen ließ. Die Frau machte eine schwere Zeit durch, fühlte sich aber immer begleitet, und es gelang ihr, die Ursprünge ihrer Krankheit zu entdecken. Sie erlebte sich nun als viel stärker, hatte zugenommen und war vor allem glücklich darüber, daß sie sich spürte und nicht die Empfindung hatte, durch Medikamente sich selber entfremdet zu sein. Da die Frau nicht wußte, daß ich früher Psychoanalytikerin war, und auch meine Bücher nicht kannte, erzählte sie nun ganz unbefangen.

»Stellen Sie sich vor«, sagte sie, »ich habe jahrelang meinen Körper gequält, meine Freude am Leben zerstört, mir jedes Vergnügen verdorben und hielt immer an der Vorstellung fest, daß meine Eltern mich geliebt hätten. Durch die Therapie brachen die Illusionen zusammen, und ich sehe jetzt, welchen Preis ich bezahlt habe. Plötzlich habe ich Kraft, kann für mich sorgen und bin nicht mehr das Opfer. Aber ich sehe, daß ich mich jahrelang sehr lieblos behandelt habe, ohne es zu begreifen.«

Ja, diese Frau ging mit ihrem Körper genau so um, wie ihre

Eltern sie als Kind behandelt hatten. Es durfte keine Freude am Leben haben, mußte ihren Befehlen gehorchen, ging fast daran zugrunde, durfte nichts merken, nicht verstehen, was sich zutrug, nicht sehen, daß es zum Opfer geworden war, zum Opfer der tragischen Geschichte seiner Eltern, die einst selber tyrannisierte Kinder waren. Depression und Anorexie erlaubten der Tochter, im Gebäude des Selbstbetrugs weiter zu vegetieren, aber nicht, wirklich zu leben. Ihr Mann, der sie liebte und ihr helfen wollte, glaubte wie all die früheren Ärzte und Psychiater, man müsse ihr die Wahrheit ersparen, sie könne sie nicht aushalten, sie sei zu schwach dafür. Und doch hat gerade die Wahrheit sie gerettet. Als sie sich nicht mehr belügen mußte, fand sie die Kraft, das Zerstörungswerk ihrer Eltern so deutlich zu erkennen, daß sie es nicht fortsetzen mußte.

Der Kardiologe Dean Ornish schreibt in seinem Buch *Love & Survival*, daß Herzkranke, die in festen Beziehungen lebten, bessere Überlebenschancen hätten als Alleinstehende, und er belegt diese Behauptung mit statistischen Daten. Zweifellos hat er recht mit seiner Feststellung, die Liebe sei das wirksamste Medikament. Aber die Tatsache, daß man im Kreise der Familie lebt und nicht allein, sagt noch nichts über die Liebesfähigkeit des kranken Menschen aus. Das soeben geschilderte Beispiel zeigt, wie diese Frau, von ihrem Mann und ihrer Tochter umsorgt, im Grunde doch ganz auf sich gestellt war, solange sie den Zugang zu ihrer Wahrheit, zu ihren tatsächlichen Gefühlen und Bedürfnissen nicht finden konnte. Sie befand sich im ständigen Kampf gegen das Wissen, das ihr Körper besaß, ihr mentales Bewußtsein aber nicht akzeptieren konnte. Sie hatte einen liebenswerten Mann und wollte ihn lieben, so sehr wie sie ihre Tochter lieben wollte, aber ihre Liebesfähigkeit war durch diesen inneren Kampf blockiert. Erst als sie sich zur Wahrheit entschloß, befreite sie sich von der Sperre.

Bei allem Respekt für das, was seit Jahrtausenden über die Kraft der Liebe gesagt und geschrieben worden ist, darf man doch nicht vergessen, daß guter Wille und Wunsch alleine nicht genügen, um einen Menschen, der sich selbst ständig sabotiert, für die Liebe zu öffnen. Wir sollten uns vielmehr vergegenwärtigen, daß dieser verzweifelte Kampf nicht stattfände, wenn dieser Mensch als Kind nicht in seinem wahren Wesen erstickt worden wäre.

Meines Erachtens kann auch in der psychotherapeutischen Arbeit, und vor allem hier, der Ursprung der tragischen Entwicklung eines Menschen sichtbar gemacht werden, wenn der Klient dies wünscht und auch der Therapeut diesen Weg bereits gegangen ist. Dann wird er wissen, welche Gefahren auf diesem Weg lauern und daß es nicht für jeden Menschen notwendig oder ratsam ist, sich in tiefe Regressionen zu begeben. Manchmal sind schon kurze Einblicke in die Realität der Kindheit therapeutisch wirksam, vorausgesetzt, daß sie von Gefühlen begleitet sind, die in der Gegenwart eines verständnisvollen Menschen erlebt werden. Falls nicht, käme dies nämlich einer neuerlichen Traumatisierung gleich.

Die Arbeit an den gegenwärtigen Problemen führt immer wieder zu Hinweisen auf die ersten Prägungen durch die traumatische Realität der Kindheit. Es ergibt sich langsam ein Bild, in dem der Klient seine ursprüngliche Programmierung zur Angst, zur Unterwerfung, zur Anpassung, zur Selbstverleugnung, zur Blindheit entdecken und sich von ihr befreien kann. Ohne diese Erkenntnis bleibt beispielsweise die angebliche Befreiung durch das sogenannte Neuro-Lin-

guistische Programmieren (NLP), durch die Verhaltensthera-
pie und viele andere Methoden im Rahmen von selbstmani-
pulatorischen Techniken temporär. Die positive Wirkung
kann unter Umständen lange anhalten, unter günstigen
äußeren Bedingungen sogar sehr lange, aber der Drang, die
traumatische Erfahrung der Kindheit an sich selber, an seinen Kindern oder anderen Menschen zu wiederholen, wird
so nicht gelöst. Sobald sich die äußeren Bedingungen ver-
schlechtern, kann dieser Wiederholungszwang wieder aktiv
werden, ohne daß die gelernte Selbstmanipulation ihm gewachsen wäre.

Wie kann es auch anders sein, da schließlich unser Körper
unsere Geschichte vollständig kennt, aber eine Seele beher-
bergt, die uns absolut beherrschen und dirigieren will, so wie
das Kind es in den ersten Monaten und Jahren von seinen Eltern gelernt hat? Daher kann der Körper nicht anders als
nachgeben, sich fügen und gehorchen. Doch ab und zu kann
er seine Not mit Hilfe von Symptomen signalisieren, so wie
es das Kind tat, als es in der Schule versagte, häufig krank
und den Eltern ein ständiges Rätsel war. Je stärker sich allerdings das Machtbedürfnis der Eltern, das ihre eigene Ohnmacht verdecken soll, manifestierte, um so unverständlicher
und verschleierter wurde die Sprache der kindlichen Symptome, so daß letztlich keine echte Kommunikation entstehen konnte. Erst wenn der Machtanspruch aufgegeben wird,
kann sich die Not des Kindes unverhüllt artikulieren.

Meines Erachtens muß in einer wirksamen Psychotherapie
dem Patienten diese Äußerung der frühesten Not zumindest
ermöglicht werden. Wir kommen nicht sehr weit, wenn wir
der Wahrheit, die wir in uns tragen, entfliehen wollen. Sie
wird uns ja immer auf dieser Flucht begleiten, uns Schmer-

zen zufügen, uns in Aktivitäten stoßen, die wir bereuen, unsere Verwirrung noch verstärken und unser Selbstbewußtsein schwächen. Wenn wir uns aber mit ihr konfrontieren, haben wir die Chance, endlich zu erkennen, was war und was fehlte und was zu einem emotional entleerten Leben geführt hat.

Das Leben früh geschädigter Kinder ist nie einfach. So fiel zum Beispiel die Besitzerin des Reisebüros wieder in eine schwere Depression zurück, als das Ehepaar das Haus verlassen mußte, in dem sie aufgewachsen war. Einige Symptome kehrten wieder zurück, aber sie konnte sich schließlich deren Sinns bewußt werden und sich innerhalb kurzer Zeit Orientierung verschaffen, ohne eine Katastrophe befürchten zu müssen. Solche Ängste lassen sich dagegen nicht auflösen, wenn der Klient die Ängste des Therapeuten vor dessen eigener Kindheit spürt, sich mit ihnen identifiziert und, statt seine Kindheit als Erwachsener erlebend zu *verstehen*, sich erneut in der Panik seiner traumatischen Kindheit *verliert*. Die systematische Arbeit an der Geschichte der Kindheit verschafft dem Klienten einen Bezugsrahmen, der es ihm erlaubt, seine auftauchenden Lähmungen immer besser zu begreifen und einzuordnen.

Brigitte, eine Kollegin in Ausbildung, hat mir einmal eine Geschichte erzählt, die diese Gedanken illustriert. Mit ihrer Erlaubnis versuche ich, sie in etwas veränderter Form darzustellen: Ein Kollege, A, sagte ihr, ein anderer Kollege, X, sei angeblich in einen Prozeß wegen sexuellen Mißbrauchs verwickelt. Sie fragte ihn, ob sie sich selbst bei X erkundigen dürfe, inwieweit dieses Gerücht denn zutreffe. A gab ihr seine Zustimmung. So nahm sie mit X Kontakt auf, der sie über den Vorgang genauestens aufklärte. X war Leiter einer

Institution, die Pflegeplätze für mißhandelte Kinder ermittelte. In einem Fall stellte sich heraus, daß die Pflegefamilie dem Kind übel mitgespielt hatte. Die Pflegeeltern saßen bereits ihre Gefängnisstrafe ab, berichtete X. Zuerst war er als Leiter der Institution verantwortlich gemacht, inzwischen jedoch komplett entlastet worden. Nun zeigte er sich über das Gerücht aufgebracht und entschloß sich, A einen Verleumdungsprozeß anzudrohen. A fiel sofort in das Schema seiner Kindheit zurück. Er rief Brigitte an und präsentierte ihr die gesamte Palette seiner Erziehung: Er wisse, daß sie schon immer etwas gegen ihn gehabt habe und ihn nun zugrunde richten wolle. Als sie fragte, ob er sich erinnere, daß er ihr seine Zustimmung für weitere Nachfragen erteilt habe, schrie er ins Telefon: »Mit dir rede ich nicht. Ich bin empört, ich bin angewidert von dem, was du getan hast.« Sie fragte, ob er an ihrer Stelle nicht das gleiche getan hätte. »Niemals hätte ich so was Schreckliches getan«, rief er und wiederholte: »Mit dir rede ich nicht.« Sie meinte, er habe doch mit ihr sprechen wollen, als er sie anrief. »Nein«, sagte er, »ich wollte dir nur meine Meinung sagen, aber mit jemandem wie dir rede ich nicht.«

Brigitte hatte das Gefühl, einem wütenden Vater zuzuhören, der sein Kind überhaupt nicht zu Wort kommen läßt, und vermutete, daß es A häufig so ergangen war. Aber konnte es sein, daß ihm das nicht bewußt war? Bei A und X handelte es sich um Psychiater, die sich in Lehranalysen und therapeutischer Ausbildung befanden. Brigitte war erstaunt über den unkontrollierten Wutausbruch von A und über sein Unvermögen zu realisieren, daß er sich diese Suppe selber eingebrockt hatte. Die Leichtigkeit, mit der er sie zur Zielscheibe seines Angriffs erkor, erklärte sie sich damit, daß er in seiner

Regression die Wut auf die Mutter, die ihn dem gewalttätigen Vater auslieferte, auf sie übertrug. Seine Wahrnehmung der Gegenwart war offenbar stark gestört, weil die Realität der Kindheit und die Panikgefühle des geschlagenen Kindes durch den drohenden Brief von X unvermittelt ausgelöst wurden. In seiner übermächtigen Angst war er unfähig, klar zu denken und seine eigene Verantwortung wahrzunehmen. Brigitte konnte am Ende des Gespräches noch hinzufügen: »Du behandelst mich, als wäre ich deine Feindin, aber das bin ich nicht. Ich hoffe, daß du es erkennen wirst, wenn sich deine Wut gelegt hat.«

Am nächsten Tag rief A sie wieder an und schien total verwandelt. Seine Therapeutin hatte ihm geholfen, einen freundlichen Brief an X zu schreiben, in dem er ihm die Namen der beiden Personen, die ihn falsch informiert hatten, mitteilte und sich für sein Verhalten entschuldigte. Er bat auch Brigitte um Verzeihung, daß er sie so heftig angegriffen hatte, und sagte, er wisse nicht, was plötzlich über ihn gekommen sei. Er sei in der letzten Zeit sehr überarbeitet. Brigitte versuchte, ihr Gefühl zu artikulieren, daß sie sich in dem gestrigen Telefonat wie ein Kind vorgekommen sei, das die Gründe seines Handelns darlegen und die Eltern an ihre Zustimmung erinnern wolle, die Eltern jedoch das Kind nicht ausreden ließen. Sie kenne solche Situationen aus eigener Erfahrung und aus der Erzählung ihrer Klienten. »Ich weiß«, sagte A, »du führst alles auf die Kindheit zurück, aber mein Ausbruch bei dir hat nichts mit meiner Kindheit zu tun, auch wenn ich früher oft geschlagen wurde. Meine Therapeutin meinte, ich hätte dich so angegriffen, weil du eine Frau bist und ich vor dir weniger Angst hätte als vor dem Mann, der mir gedroht hat.«

Brigitte war froh, daß die Angelegenheit einigermaßen glimpflich beigelegt werden konnte, aber auch verblüfft. Daß A zuerst in seiner kindlichen Realität mit ihr gesprochen hatte, war ihr selbstverständlich erschienen. Es mag ja sein, dachte sie, daß ihn ein unbeherrschter Vater, der ihn nicht ausreden ließ, oft in eine solche Panik versetzt hatte. Es mag auch sein, daß er sich nur mit Angriffen auf die Mutter am Leben halten konnte. Diese Realität, sosehr sie seine starken Emotionen in Gang setzte, schien seinem Bewußtsein immer noch entrückt zu sein. Da ihm seine Therapeutin feministische Deutungen anbot, die Kindheit aber ebenfalls ausklammerte, ließ sich A von seinen Emotionen treiben, ohne sie begreifen zu können.

Mir sind viele solche Verhaltensmuster begegnet. Jeder kennt die Macht der Verleugnung, und ich habe sie bei mir selber etliche Male entdeckt. Doch der Therapeut darf die Verleugnung des Patienten nicht teilen. Seine Ausbildung könnte ihm dazu verhelfen, in den schädigenden oder selbstschädigenden Ausbrüchen des Klienten dessen frühe Realität wahrzunehmen und ihm diese aufzuzeigen. Jeder von uns hat ja seine Barrieren, und um diese zu erkennen, geht er zum Therapeuten. Der Therapeut muß nicht allwissend sein, er ist auch nur ein Mensch mit seinen Begrenzungen. Aber da er nicht die gleichen Hindernisse zu überwinden hat wie sein Klient, kann er diesem helfen, seine Verleugnung langsam abzubauen.

Ich habe Brigittes Beispiel deshalb so ausführlich zitiert, weil ich zeigen möchte, daß sogar angehende Psychotherapeuten, die sich selber in analytischer Behandlung befinden, dem Thema der Traumatisierungen durch Demütigung und Schläge in der Kindheit ausweichen. Es ist verständlich, daß

A, der als Kind, wie er sagt, viel geprügelt wurde, sich diesen Gefühlen nicht ausliefern kann, solange er nicht dabei begleitet wird. Aber es ist bedauerlich, daß er offenbar von einer Therapeutin analysiert wird, die ihn bei diesem Ausweichmanöver unterstützt.

Die Therapeutin von A hätte wahrnehmen müssen, wie sehr er sich selber in Gefahr bringt, wenn er sich von seiner unkontrollierten, weil unverstandenen Wut treiben läßt und Menschen angreift oder diffamiert, die ihm nichts getan haben. Für Brigitte, die sich lange mit der Schwarzen Pädagogik beschäftigt hatte, war es offensichtlich, daß A das Muster eines oder beider Elternteile übernahm, die das Kind beschuldigten und beschimpften, ohne es ausreden zu lassen. Vielleicht hätte A auf Brigittes Hinweis reagiert, womöglich hätte er ihm zu denken gegeben, wäre er nicht von seiner Therapeutin darin bestätigt worden, daß sein Agieren nichts mit seiner Kindheit zu tun habe. Also wird seine analytische Behandlung seine private Verleugnung noch zementieren, und in diesem Sinn wird er später auch seine Patienten behandeln. So wird er von seinem Wiederholungszwang nicht loskommen, dem Zwang, die Muster seiner Eltern zu reproduzieren. Da er sich als Therapeut betätigen wird, werden auch seine Patienten in den Kreislauf des Wiederholungszwangs eintreten und nicht von den Chancen der Psychotherapie profitieren, die sich eröffnen, sobald die unterdrückten Emotionen der frühen Kindheit in ihrem Kontext verstanden werden dürfen.

3. Körperliche Strafen und politische »Missionen«

Wenn man einem Kind einredet, daß man es zu seinem eigenen Besten demütige und quäle, dann bleibt ihm dieser Glaube unter Umständen ein Leben lang erhalten. In der Folge wird dieser Mensch seine eigenen Kinder ebenfalls mißhandeln und davon überzeugt sein, daß er ein gutes Werk vollbringe. Was aber geschieht mit der Wut, mit dem Zorn, mit dem Schmerz, den er als Kind unterdrücken mußte, als er von den Eltern geschlagen wurde und diese Behandlung auch noch als eine Wohltat annehmen sollte?

All diese Fragen brachten mich der Antwort auf meine erste Kindheitsfrage näher: Wie kommt das Böse in die Welt? Mir wurde immer klarer: Das Böse wird in jeder Generation neu erschaffen. Das Neugeborene ist unschuldig. Wie auch immer seine Anlagen sein mögen, das Neugeborene verspürt nicht den Drang, Leben zu zerstören, sondern es will gepflegt, geschützt und geliebt werden und selbst lieben. Wenn diese Bedürfnisse nicht erfüllt werden, wenn das Kind statt dessen mißhandelt wird, werden hier Weichen gestellt. Ein Mensch fühlt sich nur dann zur Destruktion gedrängt, wenn seine Seele am Anfang seines Lebens gefoltert wurde. Ein in Liebe und Achtung aufgewachsenes Kind ist nicht für Kriege motiviert. Das Böse gehört nicht notwendig zur menschlichen Natur.

Obwohl mir diese Einsichten eindeutig und schlüssig erschienen, blieb ich noch skeptisch, weil sehr wenige Menschen sie mit mir teilen konnten. Um mir selber zu beweisen, daß meine Vermutungen stimmten, wandte ich mich dem Leben Adolf Hitlers zu. Ich dachte, wenn sich das, was ich herausgefunden habe, auch bei diesem Menschen bestätigt, wenn es mir gelingt zu zeigen, daß der in meinen Augen entsetzlichste Massenmörder und Verbrecher von seinen Eltern zu einem Ungeheuer programmiert wurde, läßt sich die althergebrachte, beruhigende Idee von den bösen Anlagen nicht mehr aufrechterhalten. Ich schilderte Hitlers Kindheit in meinem Buch *Am Anfang war Erziehung*, und viele Menschen griffen sich an die Stirn. Eine Leserin schrieb mir indes: »Wenn Hitler fünf Söhne gehabt hätte, an denen er sich für die ihm in seiner Kindheit zugefügten Foltern und Heucheleien hätte rächen können, wäre ihm vermutlich nicht das jüdische Volk zum Opfer gefallen. Beim eigenen Kind kann sich alles einst Erfahrene straflos entladen, weil der Mord an der Seele des eigenen Kindes immer noch mit Worten wie Erziehung und Disziplinierung getarnt werden kann.«

Doch nicht alle Leser konnten meine Hitler-Analyse akzeptieren, konnten zugeben, daß anhand dieses extremen Beispiels deutlich wird, wie das Böse entsteht. Aus kleinen unschuldigen Kindern werden Monster, die später nicht nur ihre Familie, sondern die ganze Welt bedrohen. Mir wurde entgegnet: Viele Kinder werden geschlagen und mißhandelt und wachsen doch nicht zu Massenmördern heran. Ich nahm diese Argumente ernst und bin der Frage nachgegangen, wie Kinder brutale Mißhandlungen überleben können, ohne später kriminell zu werden. Dank der Lektüre sehr vieler Lebensläufe fand ich heraus, daß in all den Fällen, in denen das Opfer später nicht zum Täter wurde, es eine Person gab, die dem Kind zugetan war und ihm auf diese Art ermöglichte, das Unrecht als solches wahrzunehmen. Diese Person nannte ich den Helfenden Zeugen. Wo dieser vorhanden war, hatte das Kind die Möglichkeit, zu vergleichen und zu merken, daß ihm Böses zugefügt wurde, und konnte sich mit dem freundlichen Menschen identifizieren. Ein bekanntes Beispiel liefert Dostojewski, dessen Vater sehr brutal mit ihm umging, dessen Mutter aber als liebevoll charakterisiert wird (AM 1998a).

Wo diese Person aber fehlte, wo jede Alternative zur Grausamkeit ausblieb, wo kein Helfender Zeuge die Wahrnehmung des Kindes, daß ihm Böses angetan wird, bestätigen konnte, da war das Kind in größter Gefahr, die überstandene Folter als Behandlung zu seinem Besten anzusehen und sie später ohne die Spur eines schlechten Gewissens anderen Menschen zuzufügen. Es ideologisierte die Heuchelei. Adolf Hitler hatte in seinem Elternhaus gelernt, Schläge und Demütigungen als notwendig und richtig zu erachten, und agierte später als Erwachsener entsprechend, indem es vorgab, Deutschland mit dem Mord an den Juden retten zu müssen. Ähnlich ideologisierten andere Diktatoren ihre Racheakte: Stalin »mußte« Rußland von den subversiven »Kosmopoliten« befreien, Napoleon die Große Nation gründen, koste es, was es wolle, und Milošević »mußte« das große Serbien erschaffen.

Die Blindheit der Gesellschaft für diese Mechanismen führt dazu, daß Kriege immer noch möglich sind, *weil deren Ursachen unerkannt bleiben.* Obwohl vermutlich allen Historikern, zumindest in Deutschland, bekannt ist, wie sehr Friedrich der Große von seinem Vater erniedrigt und gequält wurde, fand ich keine Untersuchung, die den Zusammenhang zwischen diesen Mißhandlungen eines sensiblen Kindes und den späteren zwanghaften Eroberungskriegen des aufgeklärten Monarchen behandelt hätte. Offenbar untersteht dieses Thema immer noch einem Tabu.

Seit es Menschen gibt, vollzieht sich das gleiche Schauspiel: Männer ziehen in den Krieg, Frauen jubeln ihnen zu, und nur wenige stellen sich die Frage, was diesem Jubel vorausgegangen ist. Immer wieder werden Eroberungskriege als Abwehrhandlungen getarnt, oder man beruft sich auf eine heilige Mission. Das Verhängnisvolle ist, daß die Mehrheit ohne weiteres daran glaubt, weil sie für die Ursachen der angeblichen »Missionen« blind bleibt. Erst wenn wir begriffen haben, wie das Böse entsteht und wie wir es in den Kindern zum Leben erwecken, sind wir ihm nicht mehr machtlos ausgeliefert.

Doch so weit sind wir noch lange nicht. In dreiundzwanzig Staaten der USA ist es immer noch erlaubt, Kinder in der Schule zu schlagen. Für die kleinsten Vergehen wird ihnen eine Strafe zugemessen, meistens mit einem Stück Holz auf das Gesäß, ausgeführt von einer Person, die extra dafür bestimmt ist. Es gibt eine ganze Skala von körperlichen Strafen, die zum Ziel haben, Kinder zu »disziplinieren«. Die Kinder warten im Korridor in einer Reihe, bis sie drankommen. Sie scheinen hier die institutionalisierte, schwere Demütigung als ganz normal zu betrachten. Erst später, in Gangs, werden sich die unterdrückten Gefühle der Wut Luft verschaffen. Für die Racheakte bietet die Gesellschaft ja eine breite Palette von ideologischen Verbrämungen und fundamentalistischen Vorwänden. Die meisten Eltern akzeptieren dieses System oder wünschen es sogar. Selbst wenn einzelne Mütter und Väter es ablehnen, können sie kaum etwas dagegen unternehmen. Allein im Bundesstaat Texas wurden nach den

Berichten der Website »nospank.org« innerhalb eines Jahres hundertachtzehntausend Kinder auf diese Weise geschlagen und gedemütigt.

Viele Lehrer können sich die Erziehung ohne ein Strafsystem gar nicht vorstellen. Da sie selber mit Gewalt aufgewachsen sind, bevorzugen sie Strafen, weil sie sehr früh gelernt haben, an deren »Durchschlagskraft« zu glauben. Sie haben die Sensibilität für das Leiden des Kindes weder in der eigenen Kindheit entwickeln noch in der Ausbildung erlernen dürfen. Deshalb ist es ihnen kaum bewußt, daß Strafen allenfalls für kurze Zeit eine »positive« Wirkung ausüben, aber auf die Dauer das aggressive Verhalten der Kinder und Adoleszenten verstärken.

Wenn ein zu Hause geschlagenes Kind auf der Schulbank seine ganze Aufmerksamkeit zur Abwendung von Gefahren gebrauchen muß, wird es sich auf den Lernstoff kaum noch konzentrieren können. Es wird den Lehrer sehr intensiv beobachten, um auf Schläge, die aus des Kindes fatalistischer Sicht unvermeidbar sind, vorbereitet zu sein. In seiner Realität kann kaum ein Interesse an den verbalen Äußerungen des Lehrers entstehen. Mit erneuten Schlägen und Strafen wird seine Wißbegierde sicher nicht geweckt; andererseits kann Verständnis für die Angst des Kindes manchmal »Berge versetzen«. Allerdings darf der Lehrer die Realität des mißhandelten Kindes nicht bagatellisieren, wenn er ihm wirklich helfen will.

Dem gleichen Phänomen begegnen wir auf dem Gebiet der Gesetzgebung. Es ist nicht leicht, unseren Kindern das Recht auf Würde zuzugestehen, auch wenn wir es ehrlich wollen, solange uns nicht bewußt ist, in welchem Maße uns dieses Recht in unserer eigenen Kindheit verweigert wurde. Wir meinen häufig, im Interesse der Kinder zu handeln, und merken nicht, daß wir das Gegenteil tun, nur weil wir die diesbezügliche Gefühllosigkeit so früh erlernt haben, daß sie stärker ist als alles später Dazugelernte. Das läßt sich am Beispiel der Gesetzgebung erläutern. Seit September 2000 hat das deutsche Parlament den leiblichen Eltern das Züchtigungsrecht ausdrücklich abgesprochen. Doch noch im Jahre 1997 wurde es ihnen zugestanden. Verweigert wurde dieses Recht nur fremden Personen wie Lehrern, Meistern, Pflegeeltern etc. Die Mehrheit, etwa vier Fünftel, der Parlamentarier war fest davon überzeugt, daß die von den leiblichen Eltern verabreichten körperlichen Strafen in bestimmten Fällen positive Resultate erzielen können. In diesem Zusammenhang wurde immer wieder das Argument vorgebracht, man müsse dem Kind mit Gewalt die Gefahren des Straßenverkehrs klarmachen, damit es lerne, sich zu schützen.

Ein aus diesem Grund geprügeltes Kind lernt aber nicht, sich vor Autos zu schützen, sondern die Eltern zu fürchten. Es lernt auch, die eigenen Schmerzen zu bagatellisieren, sie gar nicht zu spüren und sich schuldig zu fühlen. Da es schutzlos war, als es angegriffen wurde, lernt es zu glauben, daß ein Kind keinen Schutz und keinen Respekt verdiene.

Die falschen Botschaften werden in seinem Körper als Information gespeichert und bestimmen sein Weltbild und später seine Haltung anderen und sich selber gegenüber. Dieses Kind wird weder imstande sein, sein Recht auf Würde zu verteidigen, noch den körperlichen Schmerz als Gefahrensignal zu erkennen und sich daran zu orientieren. Infolgedessen kann sein Immunsystem leiden. Wenn es keine anderen Vorbilder hat, wird das Kind die Sprache der Gewalt und

Heuchelei als das einzig wirksame Kommunikationsmittel begreifen und davon Gebrauch machen, denn das einst verdrängte Gefühl der Ohnmacht will der Erwachsene gewöhnlich in der Verdrängung halten. Viele Menschen verteidigen daher das alte Erziehungssystem mit allen ihnen zur Verfügung stehenden Mitteln.

Eine Organisation in Kamerun namens EMIDA (Elimination de la maltraitance infantile domestique africaine, à Yaounde, Cameroun) berichtet, daß laut ihrer Statistik zweihundertundachtzehn Millionen Kinder in Afrika geschlagen werden. Als ich nachfragte, erhielt ich die Auskunft, das Gehirn arbeite besser, wenn Schläge blutige Spuren auf der Haut hinterlassen. Es ist begreiflich, daß so erzogene Kinder später als Erwachsene nichts von ihren Schmerzen wissen wollen und an diesem System festhalten, um sich nicht mit ihrem früh verleugneten Leiden zu konfrontieren. Doch die Konsequenzen dieser Verdrängung sind in den blutigen Kämpfen zwischen den afrikanischen Stämmen unübersehbar. Für diese Kriege werden zwar zahlreiche Gründe angeführt, nur der einzige, der ins Auge springt, wird bestritten, daß nämlich die im Körper gespeicherte Wut des geschlagenen Kindes nach Rache und Entladung dürstet. Weil es dem Kind nicht erlaubt war, sich gegen Grausamkeiten zu wehren, bezahlen später unter Umständen ganze Völker die Zeche. Und die Ursachen dieser Tragödien werden sorgsam verschleiert.

Ich habe mich öfters gefragt, wie es eigentlich in Ruanda zu einem so schrecklichen Massaker kommen konnte. Dort werden nämlich die Kinder sehr lange von ihren Müttern auf dem Rücken getragen und gestillt, was uns eher den Eindruck einer paradiesischen Geborgenheit vermittelt und keine Mißhandlungen vermuten läßt. Erst vor kurzem erfuhr ich, daß auch diese Kinder für die Liebe ihrer Mütter einen hohen, bisher offenbar bagatellisierten Preis zahlen müssen, indem sie sehr früh zum Gehorsam gedrillt werden. Sie erhalten von Anfang an »Klapse«, wenn sie den Rücken ihrer Mütter mit ihren Ausscheidungen beschmutzen. So weinen sie schon aus Angst vor den »Klapsen«, wenn sie nur das Bedürfnis nach Entleerung verspüren, was der Mutter ermöglicht, rasch zu reagieren und das Kind vom Rücken abzunehmen, um ihm Reinlichkeit beizubringen.

Dank dieser Konditionierung durch »Klapse« werden Säuglinge sehr früh sauber und später auch »zur Ruhe« erzogen. Mir scheint, daß die Massaker in Ruanda auf diese Mißhandlungen der Säuglinge zurückgeführt werden können. Auch wenn die afrikanischen Kinder in den Schulen grausam zugerichtet werden (nach einer Befragung im Jahr 2000 in Kamerun durch EMIDA haben von über zweitausend Kindern nur zwanzig geantwortet, daß sie weder zu Hause noch in der Schule gezüchtigt würden), ist die Säuglingserziehung ausschlaggebend. Je früher nämlich die Gewalt einsetzt, um so nachhaltiger wirkt das Gelernte und um so weniger kann es vom Bewußtsein kontrolliert werden. Deshalb genügt die erste Gelegenheit, die erstbeste abstruse Ideologie, um bestialische Brutalität in Menschen freizusetzen, die sich bisher ruhig und eher unterwürfig verhielten, aber offenbar mit heftigen unterdrückten Aggressionen leben, deren wirklichen Grund sie nicht kennen. Das muß uns zu denken geben und unbedingt in diese Richtung forschen lassen.

Körperliche Strafen lösen allerdings nicht immer nur Racheakte gegen andere aus. Allzuoft führen sie zur Zerstörung des eigenen Lebens – bis zum Suizid. Das Buch von Jeffrey Eugenides *The Virgin Suicides – Die Selbstmord-Schwestern* und der gleichnamige Film zeigen diesen Zusammenhang eindringlich auf.

4. Zeitbomben im Gehirn

Das Gebiet, auf dem das Ignorieren des Faktors Kindheit am krassesten ins Auge springt, scheint mir der Strafvollzug zu sein. Die heutigen Strafanstalten gleichen zwar nicht mehr den alten düsteren Gefängnissen der letzten Jahrhunderte. Aber in einem hat sich wohl sehr wenig geändert: Die Frage, weshalb der einzelne zum Verbrecher wurde und was er tun kann, um nicht immer wieder in die gleiche Falle zu tappen, wird nur sehr selten gestellt. Um sich diese Frage selber beantworten zu können, müßte der Gefangene ermutigt werden, über seine Kindheit zu reflektieren, zu schreiben und diese Inhalte mit anderen in einer strukturierten Gruppe zu teilen.

Ich habe in *Wege des Lebens* über ein solches Programm in Kanada berichtet (AM 1998a). Mehrere Väter, die ihre Töchter sexuell mißbraucht hatten, konnten erst dank solcher Gruppen verstehen, welches Leid sie ihren Kindern damit zugefügt hatten. Ausschlaggebend war, daß sie über ihre eigene Kindheit mit anderen sprechen konnten, denen sie zu vertrauen lernten. Sie begriffen, daß sie Erlebtes weitergegeben hatten, ohne es zu realisieren.

Wir sind gewohnt, die Nöte unserer Kindheit zu verschweigen, daraus erwächst häufig die blindwütige Tat. Das Sprechen aber befreit den Gefangenen von dieser Blindheit, öffnet ihm den Zugang zum Bewußtsein und schützt ihn vor dem Agieren. Leider gehören Programme wie das in Kanada zu den absoluten Ausnahmen.

Wenige Verantwortliche sind sich darüber klar, daß in den Gefängnisinsassen emotionale Zeitbomben ticken, die entschärft werden müssen, und daß dies mit mehr Wissen durchaus möglich ist. Aber die Widerstände der Verwaltung gegen diese Art der Arbeit und dieses Wissen sind sehr stark.

Der französische Romanschriftsteller Emmanuel Carrère veröffentlichte im Jahr 2000 ein ungewöhnliches Buch. *L'Adversaire* beschreibt die wahre Geschichte eines Mannes, der, überdurchschnittlich begabt, vor zwanzig Jahren Medizin studierte, aber zum Examen nach dem zweiten Jahr nicht erschien und daher das Studium nicht fortsetzen konnte. Von nun an gab er seiner Familie gegenüber vor, weiterhin die Universität zu besuchen und schließlich das Studium abgeschlossen zu haben. »Dr. Romand« heiratete, bekam zwei Kinder und erzählte seiner Frau und seinem Freundeskreis, er sei an Forschungen der Weltgesundheitsorganisation OMS in Genf beteiligt. Achtzehn Jahre lang ist Jean-Claude Romand jeden Morgen angeblich in diese Büros gefahren, in Wirklichkeit aber hat er sich in verschiedenen Cafés aufgehalten, Zeitschriften gelesen, Reiseprospekte angeschaut. Er berichtete auch gelegentlich von Vortragsreisen und lebte einige Tage in Hotels. Er war nett zu seinen Kindern und seiner Frau, brachte seine Tochter und seinen Sohn oft zur Schule und galt als Mustervater.

Sowohl seine Eltern als auch seine Schwiegereltern vertrauten ihm große Summen an, die er in der Schweiz mit hohem Gewinn anlegen sollte, die er aber dazu benutzte, die Familie zu ernähren. Als der Schwiegervater mit ihm allein im Haus war und erzählte, daß er Geld abheben wolle, um sich einen Mercedes zu kaufen, fiel der alte Mann angeblich versehentlich die Treppe hinunter und starb. Als schließlich auch eine

Freundin einen Teil ihrer Anlagesumme einforderte, wurde »Dr. Romand« unruhig und beschloß, seine Familie und sich selbst umzubringen. Nachdem er seine beiden Kinder, seine Frau und seine Eltern getötet und sein Haus angezündet hatte, gelang es der Feuerwehr, ihn aus den Flammen zu retten. Zu »lebenslänglich« verurteilt, sitzt er jetzt im Gefängnis. Mehrere Menschen kümmern sich um sein Wohl und sind angeblich von seinen »charakterlichen Qualitäten« nicht wenig beeindruckt.

Der Autor sagt zu Recht, man wisse eigentlich nicht, wer Jean-Claude Romand wirklich sei; es sehe so aus, als sei er achtzehn Jahre lang auf die Rolle des »Dr. Romand« programmiert worden und spiele jetzt die Rolle des »Verbrechers Romand«, der seine Umgebung durch seine »Güte« verblüffe.

Es ist sehr bezeichnend, daß die Kindheit dieses Menschen, die vermutlich den Schlüssel zu seinem seltsamen Verhalten birgt, in dieser romanhaften Biographie nur kurz gestreift wurde. Es heißt nur, die Familie Romand sei stolz darauf gewesen, keine Lügen zu dulden. Ehrlichkeit galt als die Haupttugend in ihrem deklarierten Wertsystem. Doch die Praxis widersprach diesem Ideal: Im Alltag erlebte der Junge, daß er in all den für ihn wichtigen Dingen nie die Wahrheit zu hören bekam. Seine Mutter hatte zwei Fehlgeburten oder Abtreibungen, die ihn beunruhigten, aber niemand sprach mit ihm darüber. Er durfte keine Fragen stellen. Es wurde von ihm erwartet, daß er sich immer den Vorstellungen der Eltern fügte, und das hat er in perfekter Weise getan. Er wuchs als ein braver Junge auf, als ein vorbildlicher Schüler, der keine Probleme bereitete, den Erwartungen der Eltern entsprach, aber gar nicht wußte, wer er eigentlich war, weil alles, was sein wahres Selbst zum Ausdruck gebracht hätte, verboten war. Man könnte also sein Verhalten, wenn es eine bewußte Haltung gewesen wäre, schon in dieser Zeit als eine permanente Lüge bezeichnen. Doch ich habe den Eindruck, daß die tiefgehende innere Entfremdung der einzig ihm geläufige Zustand war. Er kannte keinen anderen und hatte auch keinerlei Vergleichsmöglichkeiten. So mag es ihm nicht zu Bewußtsein gekommen sein, daß er ständig eine Rolle spielte. Noch nicht.

Erst als er beschloß, den Arztberuf zu simulieren, trat ein neues Element in sein Leben ein: der bewußte Betrug. Er hat all seine Energien und Begabungen in die Aufgabe investiert, die anderen hinters Licht zu führen, ihnen etwas vorzumachen, sie zur Liebe zu verführen und ihnen auf eine Weise Geld zu rauben, die sie nicht durchschauen konnten. Mit dieser Aufgabe war sein bewußtes Denken vollauf beschäftigt. Die wahren Gefühle und Bedürfnisse durften nach wie vor nicht gelebt werden. Die Einsamkeit der frühesten Zeit setzte sich fort in dem System, das seine kunstvolle Lüge aufgebaut hatte.

Die Tragik von Menschen, die sich als Kinder nicht artikulieren durften, besteht darin, daß sie, ohne es zu wissen, ein Doppelleben führen. Wie ich es in *Das Drama des begabten Kindes* beschrieben habe, haben sie als Kinder ein falsches Selbst errichtet und wissen nicht, daß sie noch ein anderes haben, in dem ihre unterdrückten Gefühle und Bedürfnisse wie in einem Gefängnis eingesperrt bleiben, weil sie nie einem Menschen begegnet sind, der ihnen geholfen hätte, ihre Not zu begreifen, das Zuchthaus als ein solches wahrzunehmen, es zu verlassen und die Gefühle und echten Bedürfnisse zu artikulieren.

»Dr. Romand« ist dafür ein spektakuläres Beispiel: Die über vierzig Jahre lang unterdrückte Wahrheit brach sich geradezu explosionsartig in einem grauenhaften Verbrechen Bahn. Aber es gibt unzählige Beispiele ähnlicher Entwicklungen, die weniger aufsehenerregende Züge tragen und doch das Leben anderer Menschen zerstören, manchmal langsam, manchmal schneller. Immer ist das alles bestimmende Ziel, die eigene Lebenslüge aufrechtzuerhalten, damit einem endlich die Aufmerksamkeit oder Bewunderung zuteil wird, die man als Kind so schmerzlich vermißt hat. Früher wurden diese Menschen als Psychopathen bezeichnet, später als Soziopathen, heute spricht man von narzißtischen Persönlichkeiten oder Perversen. Stets geht es darum, daß eine Entleerung der Innenwelt stattgefunden hat und der Zugang zu den wahren Gefühlen blockiert ist.

Diese Menschen können ungeheuer anpassungsfähig sein, sie können sogar Mustergefangene abgeben, wie es das Beispiel »Dr. Romand« illustriert. Aber sie wissen auch nach der Tat nicht, wer sie wirklich sind, sie spielen immer noch eine Rolle, und zwar diejenige, die jeweils von ihnen erwartet wird. Erst war »Dr. Romand« ein liebender Vater und Gatte, ein treuer Freund, bewunderter Sohn und Schwiegersohn, dann ermordete er seine ganze Familie und nach kurzer Zeit wurde er zum allseits geschätzten Gefangenen. Doch wer ist er wirklich? Niemand weiß es, er vermutlich am wenigsten. Dafür hätte er seine Leere in Augenschein nehmen müssen, aber diesem Anblick ist er sein Leben lang ausgesprochen geschickt ausgewichen.

Der Strafvollzug kümmert sich nicht um diese Fragen. Sie werden den Psychologen und Psychiatern zugeschoben, die es nicht als ihre Aufgabe betrachten, Menschen durch die

Konfrontation mit ihrer Kindheit zu helfen, ihr wahres Selbst zu entdecken. Sie versuchen vielmehr, die Anpassungsfähigkeit noch zu stärken, und halten diese für ein Zeichen der Gesundheit.

Ich hörte einmal einen jungen, etwas selbstgefälligen Gefängnisdirektor im Fernsehen sagen, daß in seinem Gefängnis die Inzestväter in Gruppentherapien lernten, ihre Kinder zu lieben, und sich auf diesem Weg vom Zwang befreiten, ihre Töchter und Söhne zu mißbrauchen. Das alles klang sehr schön. Nach der Sendung rief ich den Mann an und fragte ihn, ob viele dieser Väter selber in der Kindheit sexuell ausgebeutet worden seien. Er bestätigte, daß dies »sehr häufig« der Fall gewesen sei, aber man müsse nicht in der Vergangenheit wühlen, sondern zusehen, daß sie jetzt, heute, als Erwachsene, ihre Verantwortung ihren Kindern gegenüber wahrnähmen, und das lernten sie in den Therapiegruppen. Davon war er überzeugt. Ich habe ihm entgegnet, daß meiner Ansicht nach diese verantwortliche Haltung erst möglich sei, wenn die Männer entdeckt und betrauert hätten, was ihnen in ihrer Kindheit geschehen sei. Er kannte meinen Namen vom Hörensagen. Ich wollte ihm einen Text von fünf Seiten, den ich zu diesem Thema verfaßt hatte, faxen und fragte, ob ihm das recht sei. Er lehnte das Angebot ab, der Zeitmangel erlaube ihm keine zusätzliche Lektüre, er überlasse diese Fragen dem Psychologen und Psychiater.

Der Mann stellte sich im Fernsehen als besonders progressiv dar, aber ihm lag nicht daran zu erfahren, aus welchen Gründen Väter das Leben ihrer Töchter zerstören. Für ihn handelte es sich um ein rein praktisches Problem, das man so bewältigen muß wie alle anderen Probleme der Gefängnisadministration.

Seine Antwort und sein Mangel an Interesse sind nicht erstaunlich, sie entsprechen der Norm. Doch in diesem Fall steht noch viel mehr auf dem Spiel. Es ist dem Direktor völlig entgangen, daß, abgesehen von den psychologischen Fragen, es hier auch um ein sozioökonomisches Problem geht. Wenn nämlich der einzelne Gefangene schließlich zu erkennen vermag, daß er selber in der Kindheit sexuell mißbraucht wurde und welche Gefühle das in ihm hinterlassen hat, besteht eine große Wahrscheinlichkeit, daß sich sein Zwang, das Verbrechen zu wiederholen, tatsächlich auf Dauer auflösen kann. Ich habe vor kurzem zufällig in einer Zeitung gelesen, daß von dreihundert in den USA untersuchten Serienverbrechern ausnahmslos alle nach der Entlassung rückfällig wurden. Trotz der Therapien, hieß es im Artikel. Das ist kein Wunder, wenn die in der Kindheit verborgenen Ursachen der Morde von den »Therapien« unberührt blieben, werden sie den Menschen immer weiter zur Destruktion treiben. Weshalb soll das Gefängnis etwas daran geändert haben? Wenn wir also annehmen, daß eine aufdeckende Therapie und Anregung zur emotionalen Bearbeitung der Kindheitstraumen eine Strafzeit erheblich verkürzen können, dann müssen nicht hohe Steuergelder dafür verwendet werden, Menschen ihre Blindheit zu erhalten und in Gefängnissen ihre Entscheidungsmöglichkeiten einzuengen. Der abgespaltene, verleugnete und verdrängte Anteil der Persönlichkeit kann integriert werden. Dann braucht man diesen Menschen nicht mehr Verantwortung und Liebe zu predigen, sie werden sie selber wahrnehmen.

5. Das Schweigen der Kirche

Die religiösen Schulen verschiedener Konfessionen kultivieren Grausamkeit in einem kaum vorstellbaren Ausmaß und rechtfertigen jede Form von Sadismus im Namen Gottes oder der Propheten, selbst wenn sich diese nie für die Folter ausgesprochen haben. So fanden zum Beispiel Feministinnen heraus, daß sich auch nicht aus einer einzigen Sure des Korans der grausame Brauch der Frauenbeschneidung ableiten läßt. Dieses angeblich religiöse Ritual gründet lediglich auf dem Machtanspruch der Männer und der Tatsache, daß die beschnittenen Mütter und Großmütter darauf bestehen, das einst erfahrene und verleugnete Leid ihren Töchtern und Enkelinnen zuzufügen – mit dem Ergebnis, daß es heutzutage unzählige Frauen gibt, denen die Klitoris im Alter von etwa zehn Jahren entfernt wurde und die mehrheitlich diesen Brauch bejahen (AM 1988a).

In der ostafrikanischen Islamischen Bundesrepublik Komoren beabsichtigt die Regierung, das Züchtigungsverbot einzuführen, um, wie es in ihrem Brief an die UNO-Kommission für Kinderrechte heißt, das Recht der Kinder auf eine Kindheit ohne Folter zu verteidigen (vgl. Bericht der UNO-Kommission für Kinderrechte vom 12. August 2000). In dem Brief werden, im Gegensatz zu anderen, eher beschwichtigenden Bulletins, mit erstaunlicher Offenheit Praktiken von Koranschulen geschildert, die deutlich machen, wie sehr die Religion als Vorwand für den Sadismus der Lehrer dient. Kinder werden für die kleinsten Vergehen grausam ausgepeitscht und zusätzlich auf eine Weise gedemütigt, die all unsere Vorstellungskraft übersteigt. Nach der Auspeitschung werden sie in einen mit Brennesseln gefüllten Bottich gesteckt. Oder ihr Körper wird, halbnackt in der prallen Sonne, mit einer Zuckerlösung übergossen, damit sich die Insekten auf die Haut setzen. Danach werden die Kinder durch die Straßen gehetzt, um ihre Vergehen herauszuschreien und sich dafür zu schämen.

Im Unterschied zu den erwachsenen Überlebenden von Folter erzählen die gedemütigten Kinder *nicht*, was ihnen angetan wurde, die Scham hindert sie daran. Vielleicht schafft es ihr bewußtes Gedächtnis sogar, diese Marter zu vergessen, auf alle Fälle wird es die Qualen verdrängen. Aber ihr Körpergedächtnis hat jedes Detail behalten, das Verhalten des Erwachsenen wird das später demonstrieren. Da ihnen eingeredet wurde, die erbarmungslosen Strafpraktiken seien richtig und gottgewollt, können sie später ohne Hemmung selbst Rache üben. Zwanzig Jahre später werden einige dieser Kinder selbst an Koranschulen unterrichten und ihren Schülern und den eigenen Kindern das gleiche antun. Und sie werden die Hochachtung ihrer Gesellschaft genießen und als fromme Männer gelten, die ihre Pflicht ernst nehmen.

So entsteht der Sadismus unter dem Deckmantel der Frömmigkeit, der Religion. Die erwähnten Lehrer sind nicht als Sadisten geboren, sie haben die Lust an der Grausamkeit als Schüler oder vielleicht noch früher, nämlich zu Hause, erlernt. Und immer unter der Vorgabe »Zu deinem Besten«. Ausgestattet mit dieser falschen Information seit der frühen Kindheit, tun sie – von wenigen Ausnahmen abgesehen – alles, damit ihre Schüler das gleiche Schicksal erdulden müssen.

Die Christen haben kein Recht, sich über Islamschulen zu empören, solange auch christliche Privatschulen die Züchtigung der Kinder als wichtigen Bestandteil ihrer religiösen Pflichten betrachten. Im Sommer 2000 hat die Regierung von Südafrika das Züchtigungsverbot in Schulen eingeführt, was auf heftigen Widerstand stieß. Am 17. August 2000 veröffentlichte sie im Internet ein Schreiben von fast zweihundert christlichen Gruppen, die für ihre über vierzehntausend Schüler eine Ausnahmeregelung verlangten, damit ihre Erzieher die »religiösen Pflichten ausüben können«. Unverhohlen wurde da auch vom »Recht der Erzieher und Eltern auf die Züchtigung der Kinder« gesprochen. Solche pseudoreligiösen Argumente verhehlen die eigentlichen Motive dieses Machtkampfes der Lehrer, die lediglich ihre einst erfahrenen Demütigungen – bewußt oder unbewußt – an den Schülern zu rächen gedenken. Sie führen notwendig zur weiteren Verwirrung und Traumatisierung der Kinder, die sich später ebenfalls der Heuchelei zur Bemäntelung ihrer eigenen Motive bedienen werden.

Es steht uns nicht zu, uns über Afrika zu erheben und zu meinen, wir hätten mit unseren neuen Gesetzen der gewaltfreien Kindererziehung zum Durchbruch verholfen. Das haben wir keineswegs, aber wir haben einen wichtigen Anfang zur Aufhebung der Denkblockaden gemacht. Ein deutsches Kind wird hoffentlich bald und zumindest in der Schule lernen, daß es zerstörerisch und nicht heilbringend ist, Kinder zu schlagen. Und es wird auch erfahren, aus welchem Grund – wenn sein Lehrer nicht ein Opfer von Denkblockaden ist. Das Kind entwickelt so mit der Zeit eine Immunität gegen falsche Informationen.

Aus verschiedenen Teilen der Welt erhalte ich immer wieder

Briefe von Menschen, die mir erzählen, wie sehr sie in den katholischen Internaten unter den körperlichen und anderen Strafen gelitten haben. Auf der anderen Seite höre ich hie und da die Meinung, daß heutzutage vieles nicht mehr so schlimm sei wie früher, daß die Kirche die physische Mißhandlung schon seit geraumer Zeit nicht mehr befürworte. Diesen Mitteilungen vertrauend, wandte ich mich in einem Brief an Papst Johannes Paul II. mit der Bitte, einen Appell an angehende Mütter und Väter zu richten, um ihnen die tragischen Auswirkungen des Schlagens von Kindern vor Augen zu führen.

Dies geschah in der Überzeugung, daß es mit diesem Wissen leichter ist, den eigenen Kindern Liebe entgegenzubringen und von ihnen zu lernen, als infolge von Ignoranz aus ihnen schon am Anfang ihres Lebens kleine Patienten zu machen, die man in ärztliche und psychologische Behandlung geben muß, weil man ihre Symptome nicht versteht. Da der Papst Abermillionen von Menschen mit seinen Worten erreicht und eine große Autorität genießt, könnte, so folgerte ich, seine eindeutige Stellungnahme gegen das Schlagen von Kindern grundlegende Verhaltensänderungen bewirken.

In der Hoffnung, daß die neuen psychologischen und neurologischen Entdeckungen sein Interesse und seine Teilnahme wecken würden, und im Wissen, daß diese Erkenntnisse noch wenig verbreitet sind, gab ich mir große Mühe, sie so kurz wie möglich darzustellen. Auf verschiedenen Wegen versuchte ich mich zu versichern, daß der in mehreren Sprachen verfaßte Brief dem Heiligen Vater persönlich zugestellt wird, doch die Antwort, die mir schriftlich übermittelt wurde, läßt mich daran zweifeln. Der Brief enthielt keine einzige Stelle, die den Schluß zulassen würde, daß der Heilige Vater meine Informationen erhalten hätte.

Das Sekretariat des Staates Vatikan teilt mir mit, daß mein Brief vom 14. Oktober wohlbehalten in der Post (!) des Heiligen Vaters angekommen war und daß er mit Interesse gelesen wurde.

Die Aufmerksamkeit, die ich den kindlichen Opfern von Gewalt entgegenbringe, wisse man zu würdigen. Die Kirche hätte sich immer um die Erziehung der Jugend gekümmert und würde beständig daran erinnern, daß Kinder und Jugendliche auf ihrem Weg mit Geduld und Zartgefühl begleitet werden sollten, um ihnen zur physischen, psychischen, moralischen und spirituellen Reifung zu verhelfen. Erst kürzlich hätte die Kirche einen großen aufrichtigen Anwalt der Jugend, Pater Marcellin Champagnat, den Gründer des Ordens der Maristen-Brüder, heiliggesprochen, um dessen große Sympathie für die Jugendlichen kundzutun.

Seine Heiligkeit hätte mich der Fürsprache der Mutter Gottes anvertraut und gewähre mir gerne den päpstlichen Segen sowie allen, die mir nahestehen.

Offenbar konnten die Personen, die mein Schreiben weiterleiten sollten und für die Zensur verantwortlich waren, mit dessen Inhalt nur sehr wenig anfangen. Es ist auch möglich, daß meine Informationen peinliche und peinigende Erinnerungen an ihre eigene Erziehung in ihnen aufsteigen ließen, die sie dazu bewogen, das ganze Gesuch vom Tisch zu wischen. Dies nicht nur im Vatikan, sondern auch in allen anderen Büros der Zwischenstationen, in Frankreich, der Schweiz, in Polen und in den USA. So erhielt ich lediglich dieses nichtssagende Antwortschreiben, das ich als Formbrief betrachte und das eigentlich nicht das geringste mit meinem

Anliegen zu tun hat. Auch mein darauffolgender Versuch, Kardinal Jean-Marie Lustiger für mein Vorhaben zu gewinnen, scheiterte. Meine Frage, wie ich das neue Wissen über die gefährlichen Folgen der Erziehungsgewalt der Kirche vermitteln könne, wurde von dessen Sekretariat ausweichend beantwortet. Man teilte mir mit, daß die höchsten kirchlichen Autoritäten sich »nicht zu jedem Problem« äußern könnten und daß es an uns Laien liege, unseren Standpunkt darzulegen. In meiner Erwiderung schrieb ich unter anderem: »Muß man nun aus Ihrer Antwort den Schluß ziehen, daß die Barmherzigkeit, die von der Kirche gepredigt wird, ausgerechnet beim Leiden des geschlagenen und hilflosen Kindes an ihre Grenzen stößt?« Die vollständige Korrespondenz läßt sich im Internet auf meiner Website http://www.alice-miller.com nachlesen.

Ich habe nicht erwartet, daß sich das Verhalten der Eltern sofort durch das päpstliche Wort verändern würde, aber doch angenommen, daß die Vermittlung der Information gerade durch die Institution, die so lange körperliche Strafen befürwortet hatte, einen großen Einfluß auf die Mentalität vieler Gläubigen ausüben könnte. Mit einem Satz hätte der Papst den Teufelskreis der Gewalt durchbrechen können – wenn es seine Entourage wirklich gewollt hätte. Es dauert zumeist sehr lange, bis wissenschaftliche Entdeckungen auch die Menschen erreichen, die nur kurz oder gar keine Schule besucht haben, die schlicht und einfach das wiederholen, was ihnen ihre Eltern antaten, die also ihr Kind schlagen, wenn sie in Wut geraten, und dies dann auch noch Erziehung nennen – selbst wenn es infolge der Mißhandlungen stirbt. Es ist diese geistige Einstellung, die auf der ganzen Welt als normal toleriert wird, die durch einen Satz vom Papst hätte radikal verändert werden können. Aber diese Korrektur erfolgt nicht. Vorläufig herrscht oben Stille.

Ich weiß nicht, ob meine Argumente eigentlich den Papst hätten erreichen können. Aus seiner Biographie erfuhr ich, daß er zweifellos die Liebe der Mutter erfahren hat und später, nach ihrem frühen Tod, auch viel Aufmerksamkeit des Vaters. Aber es ist unwahrscheinlich, daß er in seiner Kindheit der damals üblichen Meinung entgehen konnte, nur eine strenge Erziehung mache aus dem Kind den richtigen Mann. Mit der Liebe zu den Eltern bleibt bekanntlich diese Meinung häufig ein Leben lang bestehen, und an ihr zu rütteln kann frühe Ängste heraufbeschwören. Doch ich hoffe immer noch, daß der Papst dieser Herausforderung gewachsen ist, wenn er sich vergegenwärtigen kann, was alles auf dem Spiel steht. Wenn er erkennt, daß er die Macht besitzt, die Eltern von heute darüber aufzuklären, daß sie mit ihrer zwanghaft ausgeübten Gewalt neue Gewalt produzieren, müßte er doch den Wunsch haben, sie auch zum Wohl der Kinder einzusetzen. Dieser Wunsch dürfte um so stärker sein, wenn er realisiert, daß er mit wenigen Worten Millionen von Kindern vor Mißhandlungen bewahren kann, die ihnen täglich im Namen der Erziehung verabreicht werden.

Einen Mann des 19. Jahrhunderts, Marcellin Champagnat, für seine angebliche Liebe zu den Kindern heiligzusprechen, genügt nicht, um der großen Aufgabe, der Gewalt in unserer Zeit vorzubeugen, gerecht zu werden. Doch das ist das einzige, was mir der Vatikan mitteilte, als ich ihn bat, zugunsten seiner hilfebedürftigen Schutzbefohlenen zu intervenieren.

Eine ähnliche Erfahrung machte Olivier Maurel, als er versuchte, den französischen Bischöfen das Problem der körperlichen Bestrafung von Kindern darzulegen. Ich zitiere hier seinen Brief an die Bischofskonferenz in der deutschen Übersetzung:

»Eure Exzellenz,
Ich erlaube mir, mich an Sie zu wenden, weil ich an einem Buch über die Züchtigungen von Kindern arbeite. Zahlreiche aktuelle Forschungsergebnisse zeigen, daß körperliche Bestrafung, selbst die als harmlos angesehenen Klapse, schwerwiegende Folgen für die Kinder haben. Das UNO-Komitee der ›Menschenrechte für Kinder‹ trägt dieser Tatsache Rechnung und befragt seit etwa zehn Jahren kontinuierlich die Regierungen, welche die Menschenrechtskonvention für Kinder unterzeichnet haben. Diese Länder müssen alle fünf Jahre einen Bericht über die Achtung der Kinderrechte in ihrem Land vorlegen, insbesondere was den Gebrauch von körperlicher Gewalt in den Familien, in der Schule und im Strafvollzug betrifft. Die Berichte, die Protokolle des UNO-Komitees ›Menschenrechte für Kinder‹ in Genf sowie die an die jeweiligen Staaten adressierten Kommentare des Komitees sind zugänglich auf der Website http://www. unhchr. ch. All diese Texte zeigen, auf manchmal erschreckende Weise, daß Kinder auf der ganzen Welt, wenn auch in unterschiedlichem Ausmaß, die Opfer eines wahrhaften ›Fremdenhasses‹ sind, wie es in einem Bericht heißt.
Ich würde gerne von Ihnen wissen, was die katholische Kirche auf diesem Gebiet unternimmt. Die Weisungen des Evangeliums, daß wir den Kindern Respekt und Schutz schulden, sind ja an Eindeutigkeit nicht zu überbieten. Wie lassen sich diese mit der erzieherischen Realität vereinbaren, in der die Demütigung des Kindes die Regel ist?

In Frankreich setzen nach eigenen Angaben achtzig Prozent der Eltern körperliche Gewalt als Mittel der Erziehung ein. Ich habe aber den Eindruck, daß die Kirche dieser Tatsache gegenüber völliges Stillschweigen bewahrt. Sicherlich, sie klagt manchmal schwere Mißhandlungen an, aber was die Gesellschaft als solche bezeichnet, sind fast nur die Ausnahmefälle, in denen die Täter durch ihre besondere Grausamkeit auffallen und von der Justiz verfolgt werden. Tatsächlich ist die Differenzierung von ›Kindesmißhandlung‹, ›elterlicher Erziehung‹ und ›Disziplinierung‹ eine rein künstliche. In Wahrheit sind auf der ganzen Welt Kinder den Schlägen im Namen des Erziehungsrechts der Eltern ausgesetzt.

Ich habe versucht, Auskünfte vom Verantwortlichen der Zeitschrift *Missions africaines* zu erhalten, denn auf dem afrikanischen Kontinent sind die körperlichen Mißhandlungen besonders weit verbreitet und grausam, und dort ist die katholische Kirche sehr stark vertreten. Hier die Antwort des Priesters Claude Rémond: ›Leider habe ich keine zuverlässigen Quellen, um sagen zu können, ob die Kirche in Afrika Eltern für das Problem der erzieherischen Gewalt sensibilisiert.‹ Freundlicherweise hat er mir die Adresse einer Ordensfrau in Togo genannt, die sich um Straßenkinder kümmert. In ihrer Antwort auf meine Anfrage bestätigt sie mir einerseits, daß im dortigen Verständnis ›Erziehung nicht ohne Prügel auskommen kann‹, und andererseits fügt sie hinzu, sie habe nicht den Eindruck, daß die Kirche dagegen vorgehe, denn manchmal könne man in Kirchen Erwachsene sehen, die mit einem Knüppel bewaffnet die Ordnung in den Kindergruppen aufrechterhalten.

Wo steht die katholische Kirche also? Hat sie dieses Problem betreffend irgendwelche besonderen Erklärungen verbreitet? Der Papst und die Bischöfe weisen häufig auf die Gewalt im allgemeinen hin. Aber meines Wissens weisen sie nie auf die Tatsache hin, daß Kinder die allererste Begegnung mit Gewalt – Schläge ins Gesicht, auf den Kopf, den Rücken oder das Gesäß – durch die Personen erfahren, die die Kinder am meisten lieben: ihre Eltern. Obwohl man doch heute weiß, daß Kinder nicht aus Worten, sondern aus unseren Taten lernen. Wenn Erwachsene grausam sind, dann nur deshalb, weil sie selbst Gewalt erfahren haben, von Personen, die sie für Vorbilder hielten. Seit ihrer frühesten Kindheit haben sie gelernt, daß sich Konflikte anscheinend nur durch Gewalt regeln lassen. Was nützt es also, Gewalt anzuprangern, wenn man niemals auf ihre Ursache eingeht?

Ich wäre Ihnen sehr dankbar, wenn Sie mir mitteilen könnten, ob es irgendwelche Erklärungen der Kirche, des Papstes oder der Bischöfe zu diesem Problem gegeben hat. Wenn Sie selbst darauf keine Antwort wissen, möchte ich Sie bitten, mir zu sagen, an wen ich mich mit meiner Frage noch wenden sollte.

Mit vorzüglicher Hochachtung

Olivier Maurel«

Maurel sandte mir eine Kopie dieses Briefes mit der folgenden Ergänzung zu:

»Das Sekretariat der französischen Bischofskonferenz hat mir als Antwort lediglich eine Liste von sieben religiösen Organisationen geschickt, die diesen Fragen angeblich nachgehen. Ich habe sie alle angeschrieben und erhielt nach zwei Monaten nur eine einzige Antwort, in der mir mitgeteilt wurde, daß die betreffende Organisation sich ausschließlich um die von staatlicher Seite ausgeübte Folter kümmere.«

Dieses durchgängige Schweigen ist sehr beunruhigend. Wenn die Empfänger nicht zum ersten Mal die neuen Erkenntnisse erläutert bekamen, hätten sie das vermutlich in einem Brief bekundet. Wenn sie aber doch erstmals mit diesem Thema konfrontiert wurden, dann ist es schwer begreiflich, weshalb diese Informationen überhaupt kein Interesse bei ihnen weckten. Kann es sein, daß ihnen das Wohl der künftigen Generationen vollkommen gleichgültig ist? Sie sprechen doch häufig von der Gewalt und suchen nach Mitteln, wie man sie beheben kann. Sie sind sicher gegen Haß und Gewalt. Aber weshalb wollen sie nicht wissen, woher der Haß kommt und wie er sich entwickelt? Weshalb ignorieren sie die ihnen aufgezeigte Fundgrube?

Wie soll man ein Übel erfolgreich bekämpfen, wenn man sich weigert, hinzuschauen und zu erkennen, daß es täglich neu produziert wird? Aus der kindlichen Angst, ein schmerzhaftes Thema zu berühren, ist man nicht mehr in der Lage zu sehen, welche Möglichkeiten wir heute als Erwachsene haben, einem schrecklichen Unheil entgegenzuwirken. Es stehen uns nämlich zahlreiche Mittel zur Verfügung, um der Reinszenierung des Elends vorzubeugen, doch um diese richtig einsetzen zu können, müssen wir *die Augen öffnen.*

Würde ein solches Sehen und eine eindeutige Stellungnahme der Kirche gegen das Schlagen von Kindern die Macht der Kirche schmälern? Das ist anzunehmen. Denn die derzeitige

Macht der Kirche beruht auf der Unterwerfung der Gläubigen unter ihre autoritären Gebote. Es würde ihr Machtgefüge zum Einsturz bringen, wenn selbstbewußte Gläubige anfingen, die kirchlichen Strukturen zu hinterfragen. Doch das Ignorieren der psychischen Gesetzmäßigkeiten wird diese Strukturen kaum über ein weiteres Millennium hinwegretten.

Und weshalb braucht die Kirche die Macht? Ist sie nicht auf der Botschaft der Liebe aufgebaut worden, die das Machtdenken an sich ausschließt? Weshalb hat sie denn so wenig Vertrauen in die Kraft der Liebe, daß sie sich so sehr an ihre Macht klammert und Gehorsam fordert? Millionen von Menschen stellen sich diese Fragen gar nicht, weil sie in der Religion Geborgenheit suchen und meinen, diese schließe Mündigkeit aus. Aufgrund ihrer Kindheitserfahrung können sie sich gar nicht vorstellen, daß Gott einen mündigen Menschen lieben kann.

Sie mußten für die Liebe der Eltern wie Adam und Eva mit absolutem Gehorsam bezahlen, mit blindem Vertrauen, mit dem Verzicht auf Wissen und eigenes Denken, mit der Aufgabe also ihres wahren Selbst. Sie akzeptieren die autoritäre Haltung der Kirche, weil sie diese nur allzugut aus der eigenen Kindheit kennen: Wir wissen besser als du, was du brauchst. Wenn du geliebt sein willst, mußt du gehorchen. Du darfst uns nie in Frage stellen, wir schulden dir keine Antworten.

Es ist offenbar immer wieder der Geist der Schöpfungsgeschichte, der die Gläubigen leitet. Sie beten an Feiertagen, sie fügen sich untertänigst allen Geboten der Obrigkeit und stellen keine Fragen. Das haben sie als Kinder verlernen müssen. Doch die Gefahr besteht nach wie vor, daß viele von ihnen ihren Gehorsam und ihre Unmündigkeit flugs in den Dienst einer anderen, diesmal extrem destruktiven Herrschaft stellen.

Die Tagebücher des Auschwitz-Kommandanten Rudolf Höss, der ein braver, folgsamer Junge war, zeigen, welche Gefahren in einer solchen Erziehung lauern (AM 1980). Menschen, die als Kinder immer »die Wünsche und Anordnungen der Erwachsenen befolgen« mußten und denen diese Prinzipien »in Fleisch und Blut übergegangen sind«, fügen sich heute bedenkenlos den abstrusesten Ideologien bestimmter religiöser Sekten, neonazistischer Vereinigungen oder fundamentalistischer Gemeinschaften und zerstören – auf Befehl, wie immer – Menschenleben und die menschliche Würde, ohne die leiseste Spur von eigener Reflexion. Sie wissen nicht, daß sie die einstige Demontage ihrer eigenen Würde imitieren. Sie wissen es nicht, weil sie ihre frühe Demütigung nie bewußt erleben durften, sie waren nur aufs Gehorchen gedrillt. Menschen, die ihre Kindheit und Jugend mit der geballten Faust in der Tasche überlebt haben, gebrauchen diese Faust fast automatisch, wenn man es ihnen erlaubt.

Wie oft muß sich dieses Schauspiel wiederholen, bis die Kirche und die Regierenden im allgemeinen die Kehrseite des Gehorsams begriffen haben? Bis sie eine Erziehung offen begrüßen können, in der die Mündigkeit und Kritikfähigkeit der Kinder gefördert wird, eine Erziehung, in der das frei denkende Kind sich zu Hause geborgen und geliebt fühlen kann? Ein solches Kind wird es nicht nötig haben, später Bomben zu legen, Häuser anzuzünden oder Steine zu werfen und dafür im Gefängnis Strafen zu verbüßen.

Ähnlich wie Olivier Maurel habe ich zahlreiche Briefe an

viele Politiker auf höchster Ebene, Staatspräsidenten, Premierminister und Minister, versandt, vor allem an jene, die sich in ihren Reden sehr beunruhigt über die wachsende Gewalt der Jugendlichen zeigten. Ich wollte sie über die Ursachen dieser Gewalt informieren und ihnen darlegen, daß wir durchaus in der Lage sind, etwas gegen diese Eskalation der Gewalt zu unternehmen, aber nur, wenn wir ihre Ursachen begriffen haben. Es ging mir allerdings ähnlich wie mit der Administration des Vatikans und wie Olivier Maurel mit der Bischofskonferenz. Ich erhielt nur eine Antwort vom Ministerium für Familie eines großen Staates, dessen Sekretariat mir für mein Interesse an der »elterlichen Erziehung« dankte und dabei völlig ignorierte, daß ich ja über die »Gewalt in der elterlichen Erziehung« geschrieben hatte.

Es läßt sich nicht länger übersehen, daß die große Mehrheit der Regierenden in Kirche und Staat offenbar Angst hat, sich des Themas der gewalttätigen Erziehung anzunehmen, sei es aus Furcht, ihre Wählerschaft zu verstimmen, sei es aus dem alten kindlichen Schrecken vor der Strafe der Eltern, wenn sie das Kind eindeutig in Schutz nähmen. Doch sie irren sich, wenn sie meinen, daß sie dann machtlos wären. Im Gegenteil, ihre eigene Geschichte würde sie unterstützen, wenn sie sich entschieden, sich ihr zu öffnen und bewußt konstruktiv zu handeln.

Das ausweichende Schweigen, die Stimmenthaltung, das Nichtwissenwollen, das Ignorieren der verfügbaren Informationen – all das wirkt wie unschuldige Passivität. Doch im Grunde ist es eine verhängnisvolle, wenn auch unbewußte Entscheidung, eine, die die Destruktivität der Jugend noch begünstigt, weil es sie in der Tradition des blinden Gehorsams, mit allen seinen gefährlichen Folgen, festhält.

Meine Erfahrungen mit den Autoritäten der Kirche schließen natürlich nicht aus, daß es einzelne Priester gibt, die den neuen psychologischen Erkenntnissen größtes Interesse und tiefstes Verständnis entgegenbringen. Sie bilden zwar die Ausnahme, aber das kann sich dank ihrer Tätigkeit in Zukunft ändern. Zu ihnen gehört zweifellos Donald Capps, der trotz seiner Professur am Pastoralen Theologischen Seminar in Princeton sich nicht davon abhalten ließ, die Fundgrube »Kindheit« aufzusuchen und dabei spannende Entdeckungen, unter anderem über Augustinus' Vaterschaft, zu machen.

6. Die Anfänge des Lebens – das Stiefkind der Biographen

Ich habe im Prolog über die Schöpfungsgeschichte gesprochen, über meine Schwierigkeiten, das Bild eines liebenden und strafenden Gottes zu akzeptieren und Ausführungen zu folgen, deren Logik mir nicht einleuchtet. Jetzt möchte ich den Leser noch mit einem anderen Aspekt der Schöpfungsgeschichte konfrontieren: Der verbotene Apfel symbolisiert für mich nicht nur das abstrakte Wissen um Gut und Böse, sondern auch und vor allem das Wissen um die Ursprünge unseres eigenen Lebens, das uns das Entstehen des Bösen konkret verständlich macht.

Wie Adam und Eva vor dem Sündenfall werden wir unschuldig geboren, und bis auf wenige Ausnahmen werden wir alle mit Geboten, Drohungen und Strafen konfrontiert. Unsere Eltern projizieren die verdrängten Gefühle ihrer eigenen traumatischen Kindheit auf uns und beschuldigen uns, ohne dies zu realisieren, für Dinge, die ihnen einst zugestoßen sind. Wie der Psychiater A in Brigittes Geschichte reagieren Eltern oft blind und zerstörerisch, weil sie sich in der Kindheitsrealität befinden, ohne dies durchschaut zu haben. Um Mißhandlungen wie Schläge, Demütigungen und Verwahrlosung zu überleben, mußten sie ihre Gefühle vor sich selbst verbergen. Nun sind sie zu Sklaven dieser Emotionen geworden, die sie nicht kontrollieren können, weil sie ihren Sinn nicht verstehen, und sie verstehen ihren Sinn nicht, weil sie, wie Adam und Eva im Paradies, dazu angehalten wurden,

Grausamkeit als Liebe anzusehen, unverständliche Gebote zu befolgen und bis an ihr Lebensende manchmal unter der Drohung von Hölle und Fegefeuer blind zu bleiben.

Dem Kind wird also untersagt, die Grausamkeit seiner Eltern zu durchschauen, und es darf nicht merken, wie es am Anfang seines Lebens seelisch gefoltert wurde. Es muß glauben, daß ein Kind keine Schmerzen fühlt, daß alles zu seinem Besten geschah und es selber schuld war, wenn es zu leiden hatte. Dies alles nur, um die Taten der Eltern ja im dunkeln zu belassen. Da aber der Körper alles behält, kann sich der Erwachsene dieses Wissens nicht entledigen. Auch wenn es ihm unbewußt ist, beherrscht es sein Leben, sein Verhalten, seine Art, auf Neues zu reagieren, und vor allem seine Beziehung zu den eigenen Kindern.

Der verbotene Apfel symbolisiert nicht nur das Gebot von außen, sondern auch das innere Gebot der Kräfteökonomie des jungen Organismus. Ein kleines Kind könnte die Wahrheit nicht überleben, es muß sie verdrängen, aus rein biologischen Gründen. Doch diese Verdrängung, dieses Nichtkennen des eigenen Ursprungs, hat eine destruktive Wirkung. Um diese zu entschärfen, brauchen wir Therapeuten, Berater, Lehrer, die die Emotionen des Erwachsenen nicht als einen Urwald empfinden, sondern als Früchte, manchmal giftige Früchte einer verfehlten Besamung, deren Wirkung mit Hilfe des Wissens aufgehoben werden kann, um Platz zu machen für Pflanzen, die niemandem schaden werden. Kein Mensch hat das Bedürfnis, sich von giftigen Pflanzen zu ernähren, aber manche tun das, weil sie nichts anderes kennen. Sie kennen nichts anderes, weil sie an dem hängen, was ihnen vertraut ist und wofür sie ihre Überlebensstrategien entwickelt haben. Wenn uns jemand hilft, die alten Verhaltensmuster unserer Eltern im Kontext unserer eigenen Kindheit zu erkennen, sind wir nicht mehr gezwungen, sie blind zu wiederholen.

Das mangelnde Interesse der Biographen an den ersten prägenden Einflüssen der menschlichen Existenz ist bezeichnend. Mit Ausnahme der Psychohistoriker beschäftigt sich kaum ein Biograph mit der Kindheit politischer Führer, von deren verhängnisvollen Entscheidungen immerhin das Leben von Millionen abhängt. In den tausenden Büchern über das Leben von Diktatoren werden die vielsagenden Einzelheiten der jeweiligen Kindheit kaum erwähnt, oder ihre Bedeutung wird – aus Mangel an psychologischem Wissen – einfach heruntergespielt. Dabei gäbe es aus diesen Fakten viel Brauchbares zu lernen. Das läßt sich am Beispiel von zwei berühmten Männern illustrieren, Stalin und Gorbatschow.

Stalin war das einzige Kind eines Alkoholikers, von dem er täglich heftig geschlagen wurde, und einer Mutter, die meistens abwesend war, ihn nie in Schutz nahm und ebenfalls geschlagen wurde. Vor seiner Geburt hatte sie, wie die Mutter Hitlers, ihre drei ersten Kinder verloren. Josef, das einzig überlebende Kind, wußte nie, ob er nicht im nächsten Moment von seinem Vater umgebracht würde. Seine verdrängten panischen Ängste führten beim Erwachsenen Stalin zur Paranoia, zur Wahnidee, daß ihm alle nach dem Leben trachten. Daher ließ er in den dreißiger Jahren Millionen Menschen in Lager deportieren oder hinrichten. Man bekommt den Eindruck, daß in dem mächtigen und verehrten Diktator trotz allem ein hilfloses Kind gegen den bedrohlichen Vater kämpfte. Vielleicht versuchte Stalin in den Scheinprozessen gegen die ihm häufig geistig überlegenen Intellektuellen, immer wieder seinen Vater daran zu hindern, das hilflose Kind zu ermorden. Natürlich, ohne es zu wissen. Hätte er das gewußt, hätten nicht Millionen sterben müssen.

Ganz anders sah es in der Familie Gorbatschow aus, in der es keine Tradition der Mißhandlung gab, wohl aber die Tradition der Achtung des Kindes und seiner Bedürfnisse. Die Folgen kann jeder am Verhalten des erwachsenen Gorbatschow beobachten. Wie kaum ein anderer heute lebender Staatsmann hat er ungewöhnliche Qualitäten bewiesen: Mut, Fakten zu sehen und flexible Lösungen zu suchen, Wertschätzung seiner Mitmenschen, Beweglichkeit im Dialog, Bescheidenheit in der Lebensführung und Freiheit von Heuchelei, die so häufig in den Reden machtgieriger Politiker anzutreffen ist. Er wurde nie von blindem Geltungsdrang zu absurden Entscheidungen getrieben. Sowohl seine Eltern als auch seine Großeltern, die ihn in der Kriegszeit betreuten, scheinen ausgesprochen liebesfähige Menschen gewesen zu sein.

Den 1976 verstorbenen Vater schildern viele als einen Mann, der mit anderen freundlich und friedlich umgegangen und von dem nie ein lautes Wort zu hören gewesen sei. Die Mutter wird als stark, aufrichtig und heiter charakterisiert. Sie blieb später trotz der Berühmtheit ihres Sohnes zufrieden in ihrem kleinen Bauernhaus. Gorbatschows Kindheit liefert übrigens einen Beweis mehr dafür, daß auch die schwersten materiellen Entbehrungen den Charakter des Kindes nicht schädigen, solange seine Integrität nicht durch Heuchelei, Mißhandlungen, Züchtigungen und Demütigungen seelischer Art verletzt wurde.

Der stalinistische Terror, später der grausame Krieg, die brutale Besatzung, bittere Armut, schwere körperliche Arbeit – all das gehörte zu Gorbatschows Schicksal. Aber all dies

96

kann ein Kind überstehen, wenn ihm das emotionale Klima in seinem Elternhaus Schutz und Sicherheit bietet. Ein Beispiel mag dieses Klima illustrieren: Am Ende der Kriegszeit kann Michail Gorbatschow drei Monate nicht in die Schule gehen, weil er keine Schuhe hat. Als sein Vater dies (als Verwundeter im Lazarett) erfährt, schreibt er der Mutter, sie »müsse um jeden Preis etwas tun, damit Mischa wieder in die Schule gehen kann«, weil er so gern lerne. Die Mutter veräußert ihre letzten Schafe für eineinhalbtausend Rubel und kauft dem Kind Militärstiefel. Der Großvater besorgt ihm eine warme Jacke und auf die Bitte des Kindes auch eine für seinen Freund.

Schutz und Achtung vor den Bedürfnissen des Kindes – das müßte eigentlich eine Selbstverständlichkeit sein. Doch unsere Welt ist voll von Menschen, die ohne Rechte, ohne Achtung aufgewachsen sind und als Erwachsene diese Achtung mit Hilfe von Gewalt (unter anderem Erpressung, Drohungen, Waffen) zu erzwingen suchen. Weil Gorbatschows Schicksal vermutlich eine Ausnahme darstellt, leben wir in einer Gesellschaft, die sich den Folgen von Kindesmißhandlung gegenüber blind stellt. Abertausende Professoren lehren an Universitäten alles mögliche, aber es gibt keinen einzigen Lehrstuhl, der sich den Konsequenzen der Mißhandlung von Kindern widmet, weil diese Mißhandlungen als Erziehung getarnt bleiben.

Wenn ich vom mangelnden Interesse der Biographen an der Kindheit spreche, höre ich oft, das Thema Kindheit sei doch in der Literatur seit zwanzig Jahren geradezu in Mode gekommen. Es sind in der Tat zahlreiche Autobiographien erschienen, in denen die Autoren ihrer Kindheit sehr viel Platz einräumen. Überdies wird heute im allgemeinen die Kindheit nicht mehr verklärt und idealisiert, sondern das Elend viel freier und unverblümter dargestellt. Aber in den meisten Autobiographien, die mir bekannt sind, behalten die Autoren eine emotionale Distanz zum Leiden des Kindes. Wenig Empathie und ein auffallender Mangel an Rebellion sind die Regel. Die Ungerechtigkeit, die emotionale Blindheit und die daraus folgende Grausamkeit der Erwachsenen, sei es der Eltern oder Lehrer, werden nicht hinterfragt, sie werden einfach nur beschrieben. Frank McCourt zum Beispiel schildert sie auf jeder Seite seines glänzenden Buches *Die Asche meiner Mutter*, aber er lehnt sich nicht dagegen auf, er versucht, liebevoll und tolerant zu bleiben, und findet seine Rettung im Humor. Gerade für diesen Humor wird er von Millionen Lesern weltweit gelobt.

Aber wie soll man dem Kind in unserer Gesellschaft beistehen können und seine Lage verändern, wenn man Grausamkeit, Arroganz und gefährliche Dummheit lachend tolerieren will. Ein Beispiel aus Frank McCourts Buch mag seine Haltung verdeutlichen:

> »An Leamy's National School sind sieben Lehrer, und alle haben Lederriemen, Rohrstöcke und Schwarzdornzweige. Damit schlagen sie einem auf die Schultern, den Rücken und, ganz besonders, auf die Hände. Wenn sie einem auf die Hände schlagen, nennt man das einen Tatzenhieb. Sie schlagen einen, wenn man zu spät kommt, wenn die Feder vom Federhalter tropft, wenn man lacht, wenn man redet und wenn man was nicht weiß.
>
> Sie schlagen einen, wenn man nicht weiß, warum Gott die Welt erschaffen hat, wenn man den Schutzheiligen von Limerick nicht weiß, wenn man das Apostolische Glaubens-

bekenntnis nicht aufsagen kann, wenn man nicht neunzehn und siebenundvierzig addieren kann, wenn man neunzehn nicht von siebenundvierzig subtrahieren kann, wenn man die wichtigsten Städte und Erzeugnisse der zweiunddreißig Grafschaften von Irland nicht weiß, wenn man Bulgarien auf der großen Wandkarte nicht findet, die fleckig von Spucke und Rotz ist und von Tinte aus Tintenfässern, von wütenden Schülern geschmissen, nachdem sie von der Schule geflogen sind.

Sie schlagen einen, wenn man seinen Namen nicht auf irisch sagen kann, wenn man das Ave-Maria nicht auf irisch aufsagen kann, wenn man nicht auf irisch Darf ich mal austreten? fragen kann.

Es ist gut, den großen Jungens eine Klasse höher zuzuhören. Sie können einem von dem Lehrer berichten, den man jetzt hat, was er mag und was er haßt.

Ein Lehrer wird einen schlagen, wenn man nicht weiß, daß Eamon De Valera der bedeutendste Mann ist, der je gelebt hat. Ein anderer Lehrer wird einen schlagen, wenn man nicht weiß, daß Michael Collins der bedeutendste Mann war, der je gelebt hat.

Mr. Benson haßt Amerika, und man darf nicht vergessen, Amerika zu hassen, sonst schlägt er einen.

Mr. O'Dea haßt England, und man darf nicht vergessen, England zu hassen, sonst schlägt er einen.

Sie alle schlagen einen, wenn man irgend etwas Günstiges über Oliver Cromwell sagt.

Selbst wenn sie einen mit dem Eschenzweig oder dem Schwarzdorn mit den Knubbeln sechsmal auf jede Hand schlagen, darf man nicht weinen. Es gibt Jungens, die einen vielleicht auf der Straße auslachen und verspotten, aber sie müssen vorsichtig sein, denn der Tag wird kommen, da schlägt und prügelt der Lehrer sie auch, und dann müssen sie die Tränen hinter den Augen halten, oder sie sind für alle Zeiten blamiert. Manche Jungens sagen, es ist besser, wenn man weint, weil das den Lehrern gefällt. Wenn man nicht weint, hassen einen die Lehrer, weil sie dann vor der Klasse schwach aussehen, und sie schwören sich, beim nächsten Mal gibt es Blut oder Tränen oder beides.

Große Jungens in der fünften Klasse sagen uns, daß Mr. O'Dea sich gern vor der Klasse aufstellt, so daß er hinter einem stehen kann, und dann zwickt er einem in die Schläfen, zieht sie hoch, sagt hoch, hoch, bis man auf Zehenspitzen steht und die Augen voller Tränen hat. Man möchte nicht, daß die Jungens in der Klasse sehen, wie man weint, aber beim Schläfenziehen muß man nun mal weinen, ob man will oder nicht, und das mag der Lehrer. Mr. O'Dea ist der einzige Lehrer, dem es immer gelingt, Tränen und Blamage über einen zu bringen.

Es ist besser, wenn man nicht weint, denn die Lehrer wechseln, aber mit den Schülern bleibt man zusammen, und den Lehrern möchte man auf keinen Fall die Genugtuung gönnen.

Wenn der Lehrer einen schlägt, hat es gar keinen Sinn, sich bei Vater oder Mutter zu beschweren. Sie werden immer sagen, wenn der Lehrer dich schlägt, dann hast du's auch verdient. Stell dich nicht so an.«

Der Humor hat dem Kind das Leben gerettet und ihm später ermöglicht, das Buch zu schreiben. Dafür sind ihm die Leser dankbar. Viele haben ähnliches erlebt und möchten auch über das Grauen lachen können. Lachen ist gesund, sagt man, und es hilft zu überleben. Das stimmt, aber das Lachen kann uns auch zu Blindheit verführen. Man kann zwar darüber lachen, daß es verboten ist, die Früchte vom Baum der Erkenntnis zu essen, aber dieses Lachen wird die Welt nicht aus dem Schlaf wecken. Wir müssen den Unterschied zwischen Gut und Böse verstehen lernen, wenn wir uns selbst verstehen und etwas in der Welt verändern wollen.

Lachen ist gesund, zweifellos, aber nur da, wo es auch Grund zum Lachen gibt. Doch über das eigene Leiden zu lachen ist eine Form der Abwehr von Schmerzen, die uns blind an den Fundgruben vorbeigehen läßt.

Wenn sich Biographen über die Folgen der »ganz normalen strengen Erziehung«, von der sie fast immer berichten, gründlicher informieren würden, könnten sie den Lesern kostbares Material zum Verständnis unserer Welt liefern (AM 1988b).

II.
Wie entsteht emotionale Blindheit?

1. Weshalb plötzlich die Wut?

Kürzlich erhielt ich einen Briefwechsel zugeschickt, der an die Website »nospank« (http://www. nospank. org/toc. htm) adressiert wurde. Im folgenden zitiere ich seine Übersetzung aus dem Englischen. Hier deutet ein Vater mit wenigen Worten auf einen Zusammenhang hin, den ich im folgenden zu erklären versuche. Dieser Vater scheint zwar noch nicht zu merken, worauf er hinweist, aber er befindet sich auf der richtigen Spur.

Briefe an das No Spank Projekt
16. 7. 2000
»Hallo,
zuerst möchte ich Ihnen sagen, daß ich Ihre Website sehr informativ finde. Ich habe Schläge für gut gehalten, weil ich als Kind selbst geschlagen wurde. Mein Vater war Schulleiter und hat viele Schüler gezüchtigt. Ich war überzeugt, daß das nicht wirklich schadet – bis mein Sohn geboren wurde. Als er drei Jahre alt war, wollte meine Frau, daß er sauber wird. Er blieb nicht auf seinem Töpfchen sitzen, stand auf, und sie schlug ihn heftig auf den nackten Po. Sofort begann er zu weinen, und mir drehte sich der Magen um. Ich war außer mir!! Sie schlägt die Kinder regelmäßig und sagt, sie selbst sei als Kind in der Schule geschlagen worden. Anscheinend ist ihr über die Schläge hinaus nichts weiter passiert, aber sie ist nicht bereit, darüber zu sprechen.

Können Sie mir sagen, wie ich herausfinden kann, was genau zwischen 1965 und 1975 geschehen ist, als sie in der Schule geschlagen wurde? Gibt es irgendwelche Unterlagen darüber und wenn ja, wie können wir diese Unterlagen einsehen? Wir sind für jede Hilfe dankbar. Sie wurde in drei verschiedenen Schulen gezüchtigt. Ich weiß nicht, ob Sie mir weiterhelfen können, jeder kleinste Hinweis wäre sehr nützlich.

Vielen Dank, Ihre Arbeit tut viel Gutes.
C. S.«

»Lieber C. S.,
Ich rate Ihnen, keine kostbare Zeit mit der Suche nach Informationen in den alten Schulakten Ihrer Frau zu verschwenden. Falls, o Wunder, ein Beweis dessen, wonach Sie suchen, in Schriftform existiert, würde die Schulverwaltung niemals zulassen, daß Sie diesen Beweis in die Finger bekommen. Und selbst wenn Sie erführen, was ihr als Schulkind zugestoßen ist: Was wollen Sie heute mit dieser Information anfangen? Ihre Frau ist offenbar fest entschlossen, diese Erinnerungen nicht hochkommen zu lassen und die traumatischen Erfahrungen ihrer eigenen Kindheit mit ihren Kindern erneut in Szene zu setzen. Ich kann verstehen, daß Sie in der Familiengeschichte forschen wollen, um Hinweise zu finden, die ihr heutiges Verhalten erklären können. Aber wäre es nicht weiser, diese Suche auf später zu verschieben und jetzt Ihre Kinder zu beschützen? Diese Aufgabe duldet keinen Aufschub! Sie wollen doch nicht, daß sich Ihre Kinder später fragen, womit sich der vernünftigere ihrer beiden Eltern abgegeben hat, als sie so dringend seine Unterstützung gebraucht

hätten! Der nächste Brief [...] bestärkt mich in dem Gefühl, daß Sie keine Zeit verlieren dürfen, und scheint eine Botschaft an Sie zu enthalten. [...] Bitte lesen Sie ihn. Ich werde Ihre Zuschrift (natürlich ohne Namensnennung) auf der ›nospank‹-Seite veröffentlichen und mögliche Informationen über Züchtigungspraktiken an der ehemaligen Schule Ihrer Frau an Sie weiterleiten.

Jordan«

Der oben erwähnte Brief lautet:

»Samstag, 15.7.00
Als Kind wurde ich so heftig verprügelt, daß ich die Kontrolle über Blase und Darm verlor und mich einkotete. Die Schläge hörten nicht auf und verteilten den Kot auf meinem Körper. Ich weiß nicht, ob meine Mutter in einem anderen Raum oder nicht zu Hause war, aber ich weiß genau, daß sie mich weder mit Worten noch mit Taten verteidigt hat. Die Scham, mich saubermachen und umziehen zu müssen und dabei die ganze Zeit zu weinen, war ganz tief in mir vergraben, bis ich ›Plain Talk About Spanking‹ gelesen habe.
Danke. Bitte erwähnen Sie meinen Namen nicht.«

Der Verfasser des ersten Briefes sieht zu, wie seine Frau das Kind mit Schlägen zu Reinlichkeit erziehen will, und gerät außer sich, als das Kind schreit. Er ahnt, daß ein Zusammenhang besteht zwischen dem, was er wahrnimmt, und dem, was seine Frau als Kind in der Schule erfahren hat. Er will dem nachgehen und sich in Schulen danach erkundigen. Damit entzieht er sich seinen Emotionen, statt ihnen zu folgen.

Seine Frau wurde vermutlich nicht erst in der Schule geschlagen, sondern schon früher, deshalb hält sie es auch mit ihren Kindern so.

Aber wie erlebte er selbst die Prügel des Vaters, die er nur kurz erwähnt? (Wir erfahren aus dem Brief lediglich, daß sein Vater, ein Schulleiter, seine Schutzbefohlenen geradezu professionell gezüchtigt hat). Die Frage an sich taucht in dem Brief gar nicht auf. Um sie sich stellen zu können, müßte der Sohn einen Wissenden Zeugen gehabt haben, einen Begleiter, der ihm ermöglicht hätte, die Angst des kleinen Kindes zu erleben, den Schmerz auszuhalten und sich an diesen Erinnerungen zu orientieren, falls er wieder in Zorn gerät.

Was bedeutet seine Wut heute? Der Brief gibt darüber keine Auskunft. Wir wissen nicht, ob er auf der Seite seines Kindes steht und erbost über seine Frau ist oder ob ihn die Reaktion des Kindes in Rage bringt, weil sie ihm den Schmerz bewußt macht, den er einst unterdrücken mußte. Er meint, es müsse noch etwas anderes in der Kindheit seiner Frau vorgefallen sein, weil er das Schlagen allein bisher immer für etwas Harmloses und Normales gehalten habe. Er schreibt, daß er es sogar lange Zeit befürwortete. Doch jetzt, nachdem er Einblick in die Website »nospank« genommen hat, scheint er sich besser informieren zu wollen. Diese Geschichte gibt Anlaß zur Hoffnung, daß die emotionale Blindheit behebbar ist. Ich habe sie deshalb meiner Analyse der Denkblockaden vorangestellt.

2. Denkblockaden

Häufig berichten mir Leser, daß sie auf Feindseligkeit stoßen, wenn sie es wagen, eindeutig und bedingungslos die Seite des Kindes einzunehmen. Ihre Haltung stellt ein System in Frage, das für die meisten Menschen einen vertrauten Bezugsrahmen bildet. Neue Informationen können starke Irritationen hervorrufen, und im Zuge dieser Verunsicherung kann es passieren, daß man unbewußt auf Drohgebärden verfällt, die ganz den Einschüchterungsversuchen ähneln, mit denen Eltern ihr Kind früher zu Wohlverhalten anleiten und ihrem Diktat unterstellen wollten. Daher muß der Wissende Zeuge immer wieder die schmerzliche Erfahrung machen, daß er so abgelehnt wird wie einst das Kind von seinen Eltern.

Die Ablehnung der Anwälte des Kindes kann sich jedoch in bestimmten Fällen bis zu Verdammung und Ächtung steigern. Die blinde Wut, der sie zum Teil ausgesetzt sind, ähnelt dem Haß, der einst bei der Verfolgung der ersten Christen waltete. Selbst wenn die Auswirkungen dieses Hasses keineswegs vergleichbar sind, da die frühen Christen brutal gefoltert und ermordet wurden, ist es bezeichnend, daß man heute wie damals mit Feindseligkeit denjenigen begegnet, die der Kinder beschützenden Botschaft Jesu treu sind.

Die Christenverfolgung nahm ein Ende, als die Kirche sich endgültig etablieren konnte. Die Anwälte des Kindes bedürfen indes keiner mächtigen Institution, um sich übler Nachstellungen zu erwehren. Ihre Stärke liegt in ihrem Wissen um die Gesetze der Kindheit, deren Auswirkungen überprüfbar sind. Zu den wichtigsten Beweisen zähle ich die Berichte der von Kindesmißhandlung Betroffenen, die aufzeigen, welche Folgen dies für den Umgang mit ihren eigenen Kindern hat. Seit mehreren Jahren liefern die Hirnforschung und die Säuglingsforschung zusätzliche Belege für die Gültigkeit der Aussagen von Opfern und Wissenden Zeugen.

Das Gehirn eines Kindes ist bei seiner Geburt noch nicht voll entwickelt; es strukturiert sich während der ersten drei Lebensjahre. Was das Gehirn in diesen ersten Jahren als Botschaften empfängt, prägt es unter Umständen stärker als alle späteren Informationen. Die von der Mutter oder anderen Bezugspersonen erhaltenen Empfindungs- und Handlungsanweisungen können ungehindert Jahrzehnte überdauern. Deshalb hören wir heute auch niemanden sagen, daß man Kinder quälen, demütigen, auslachen, belügen solle. Solche Ausdrücke haben wir nämlich in unserer Kindheit nicht gelernt. Aber man hört überall, daß uns die Schläge gut getan hätten und daher auch für andere gut seien. Das waren die Worte, die uns als Kleinkinder immer wieder eingetrichtert wurden, wenn wir »Klapse« oder Prügel erhielten.

Als ich die aktuellen Arbeiten von Hirnforschern las und von den Ergebnissen der heutigen Säuglingsforschung erfuhr, konnte ich mir die Dauerhaftigkeit jener ersten Lektionen besser erklären. Aufgrund dieser Lektüre würde ich heute jeder Mutter sagen: Sei nicht verzweifelt, wenn dir einmal die Hand ausrutscht; du hast dies sehr früh und schmerzlich erfahren müssen, es geschieht fast automatisch, und du kannst einen Fehler meistens wiedergutmachen, wenn du ihn einsiehst und zugibst. Aber sage nie deinen Kindern, du hättest das zu ihrem Wohle getan, weil du damit einen Beitrag zur Verdummung und zum verhüllten Sadismus leistest.

Die Ergebnisse der Hirnforschung bestätigen heute, was ich in meinem Buch *Du sollst nicht merken* bereits 1981 mit Hilfe der Begriffe »Verdrängung«, »Verleugnung« und »Abspaltung« der frühen Emotionen von verschiedenen Seiten beleuchtet und zu konzeptualisieren versucht habe. Viele Autoren betonen bereits die Notwendigkeit der frühen Bindung des Kindes an eine Bezugsperson für das Entstehen der Intelligenz. Daniel Goleman spricht zwar noch von emotionaler Intelligenz, aber Katharina Zimmer und andere machen deutlich, daß es keine spezifische emotionale Intelligenz gibt und daß die Entwicklung der Intelligenz als solche mit den Emotionen der frühen Kindheit verknüpft ist.

Das erklärt unter anderem, weshalb die Notwendigkeit der Verdrängung von Schmerzen in der Kindheit nicht nur zur Verleugnung der eigenen Geschichte führt, sondern auch zur Verneinung der Leiden der Kinder überhaupt und damit zu erheblichen Defiziten bei der Denkfähigkeit. Diese Desensibilisierung äußert sich etwa in der Bejahung von erzieherischer Zucht und der Beschneidung (von Männern und Frauen). Ich bin davon überzeugt, daß das Fehlen einer guten Beziehung zur Mutter oder einer Ersatzperson am Beginn des Lebens, gepaart mit Mißhandlungen, zu denen ich auch das Schlagen in erzieherischer Absicht zähle, diese Unempfindlichkeit und die Denkblockaden mit auslöst.

Aus den Veröffentlichungen bekannter Hirnforscher wie Joseph LeDoux, Debra Niehoff, Candace B. Pert, Daniel L. Schacter, Robert M. Sapolsky und anderer geht hervor, daß sehr frühe Defizite in der Kommunikation des Kindes mit seinen Bezugspersonen zu Defiziten im Gehirn führen können. Wenn das kleine Kind geschlagen oder auf andere Weise mißhandelt wird, führt das ebenfalls zu Schädigungen, weil im Zustand von Streß bereits neu ausgebildete Neuronen und deren Verbindungen zerstört werden. (Das kann übrigens auch geschehen, wenn man dem Fötus eine intensive Stimulation zumutet, wie zum Beispiel das stundenlange Abspielen von Musik, »um bei seiner Geburt einen Mozart zu erhalten«, wie das eine spanische Elternschule empfiehlt. Das Kind braucht seinen eigenen Rhythmus der Stimulation und kein künstliches Forcieren von außen, um sein Gehirn frei entwickeln zu können.) Man ist sich darüber einig, daß frühe Emotionen Spuren im Körper hinterlassen, als Informationen kodiert werden, die im Erwachsenenalter unsere Art zu fühlen, zu denken und zu handeln beeinflussen, aber dem bewußten, logischen Verstand meist unzugänglich bleiben.

Mir scheint, daß diese Entdeckungen uns einen Schlüssel an die Hand geben, der allerdings meines Wissens von den Forschern noch nicht benutzt wurde. Manchmal, wie etwa in der spannenden Erzählung über die Entdeckung des Moleküls Emotion von Candace B. Pert, *Moleküle der Gefühle*, gewinnt man den Eindruck, daß die Experimente zwar helfen, immer wieder neue Schlüssel herzustellen, aber an der Frage, in welches Schloß dieser Schlüssel paßt, nicht viel Interesse besteht.

Eine der großen Ausnahmen bildet womöglich Joseph LeDoux, der am Ende seines Werkes *Das Netz der Gefühle* eine »Zusammenarbeit« zwischen dem kognitiven und dem emotionalen System postuliert. Auch wenn in seinen Ausführungen die Macht und die Hartnäckigkeit der frühen, emotionalen (körperlichen) Erinnerungen und die häufige Ohnmacht unseres Intellekts angesichts dieser Insistenz sehr deutlich werden, so ist sich LeDoux über die unbedingte

Notwendigkeit einer solchen Zusammenarbeit vollkommen im klaren.

Aber er ist kein Therapeut, er hält sich an die Grenzen des Hirnforschers und gibt offen zu, daß er eigentlich nicht wisse, wie man zwischen dem emotionalen Wissen des Körpers (dem Unbewußten) und dem kognitiven Bewußtsein eine Brücke schlagen könne. Ich weiß aus Erfahrung mit anderen und mit mir selber, daß dies in Therapien geschehen kann, die gezielt die traumatischen Erlebnisse und Emotionen der Kindheit einschließen, weil dann die Denkblockaden abgeschwächt werden. Sobald dies geglückt ist, können offenbar Bereiche des Gehirns aktiviert werden, die bis dahin nicht gebraucht wurden, vermutlich aus Angst, auf Schmerzen zu stoßen, die an früheste, verleugnete Mißhandlungen erinnern könnten.

Das habe ich bei mir selber festgestellt. Ich war jahrzehntelang davon überzeugt, daß ich als Kind nie geschlagen wurde, weil ich daran keinerlei Erinnerung hatte. Als ich dann aber durch die Lektüre der Schwarzen Pädagogik erfuhr, daß Kinder sehr früh, schon im Säuglingsalter, gezüchtigt wurden, um Gehorsam und Sauberkeit zu lernen, habe ich verstanden, weshalb meine Erinnerungen ausblieben. Offenbar wurde ich schon als Säugling so wirkungsvoll zur Folgsamkeit erzogen, daß ich nur körperliche (sogenannte implizite, aber keine bewußten (expliziten) Erinnerungen daran habe. Meine Mutter konnte mir später mit Stolz erzählen, ich sei schon mit sechs Monaten sauber gewesen und hätte keine Probleme bereitet, außer wenn ich meinen Willen durchsetzen wollte. Dann jedoch habe ein strenger Blick genügt, um mich zur Vernunft zu bringen.

Heute weiß ich, welchen Preis ich dafür bezahlt habe. Aus

Angst vor diesem Blick konnte ich vieles nicht sagen, wagte es nicht einmal zu denken. Aber ich weiß auch, daß ich diese Fähigkeit schließlich doch errungen habe.

Ich bin immer wieder von neuem erschüttert über die verheerende Macht der Verleugnung, die unsere Denkblockaden errichtet. Diese einengende Macht äußert sich unter anderem darin, daß Theologen und Philosophen die Fragen der Ethik heute noch wie eh und je erörtern, ohne sich um die Ergebnisse der Hirnforschung und die Gesetze der Kindesentwicklung zu kümmern. Doch gerade diese könnten ein Licht auf die Frage werfen, wie das »Böse« entsteht bzw. wie es heraufbeschworen wird. Auch die Psychoanalytiker müßten die aus der Tradition der Schwarzen Pädagogik übernommenen Vorstellungen von angeborenen destruktiven Trieben und vom bösen, perversen Kind (vgl. AM 1988a) revidieren, wenn sie die heutige Säuglingsforschung ernst nähmen. Die Denkweise von Daniel L. Stern und den Anhängern John Bowlbys scheint heute in den psychoanalytischen Kreisen leider immer noch eine Ausnahme zu bilden. Vielleicht weil Bowlby mit seiner Theorie der ersten Bindung bereits ein Tabu gebrochen hat. Er hat die Anfänge des asozialen Verhaltens in der fehlenden ersten guten Mutterbindung geortet und sich damit gegen Freuds Triebtheorie ausgesprochen.

Meines Erachtens müssen wir indes noch einen Schritt weiter gehen als Bowlby, da es hier nicht nur um asoziales Verhalten und sogenannte narzißtische Störungen geht, sondern auch um die Einsicht, daß die Verleugnung und Verdrängung frühkindlicher Traumen und die Abspaltung der Gefühle unsere Denkfähigkeit einschränken und unsere Denkblockaden verursachen. Die biologischen Grundlagen des Phänomens der

Verleugnung wurden zwar von der Gehirnforschung aufgedeckt, doch ihre Konsequenzen, ihr Einfluß auf unsere Mentalität wurde noch nicht reflektiert. Niemand scheint darüber nachdenken zu wollen, daß die Unempfindlichkeit für das Leiden des Kindes, die wir so häufig und *auf der ganzen Welt* feststellen können, *mit der Denklähmung einhergeht, die in der Kindheit entstand.*

Wir lernen als Kinder, natürliche Gefühle zu unterdrücken und zu verneinen. Wir lernen zu meinen, daß Demütigungen und Schläge zu unserem Besten verabreicht werden und uns keine Schmerzen bereiten. Mit dieser falschen Information ist unser Gehirn ausgestattet, wenn wir unsere Kinder mit den gleichen Mitteln erziehen und ihnen einreden, daß gut für sie sei, was angeblich gut für uns war.

Deshalb können Milliarden von Menschen allen Ernstes behaupten, daß Kinder nur durch den Einsatz von Gewalt gut und vernünftig werden können. Sie nehmen die Angst ihrer Kinder nicht wahr und weigern sich zu begreifen, daß sie den Kindern mit Schlägen lediglich beibringen, später ebenfalls Gewalt zu gebrauchen, gegen andere oder sich selber. Gegen diese destruktiven Überzeugungen, die auch sehr viele Intellektuelle teilen, kommt man mit keinem Argument an, weil der Körper sie sehr früh gespeichert hat. Menschen mit dieser Auffassung behaupten steif und fest Dinge, die im krassen Widerspruch zu ihrem Wissen stehen, und sie erkennen dies nicht einmal. Auf einem meiner Workshops sagte beispielsweise ein Psychologieprofessor: »Ich bin im allgemeinen mit Ihnen einverstanden, aber Ihre Bemühungen um ein gesetzliches Züchtigungsverbot kann ich nicht unterstützen, weil es den Eltern die Gelegenheit nimmt, den Kindern Werte zu vermitteln, und das ist doch wichtig. Meine Kinder sind jetzt drei und fünf Jahre alt, und sie müssen lernen, was man machen darf und was nicht. Wenn ein solches Gesetz durchkommt, werden sich junge Ehepaare vielleicht viel seltener zur Zeugung eines Kindes entschließen.«

Ich fragte diesen Mann, ob er in der Kindheit viel geschlagen worden sei. Er antwortete, nur wenn es wirklich nötig gewesen sei, wenn er den Vater völlig aus der Fassung gebracht habe. Er habe dann die Schläge auch als gerecht empfunden. Ich fragte ihn weiter, wie alt er gewesen sei, als er zum letzten Mal geschlagen wurde, und er erwiderte, er sei damals siebzehn gewesen, der Vater sei außer sich geraten, weil er als Jugendlicher wieder einmal Unsinn gemacht habe. Ich wollte wissen, worin der Unsinn denn bestanden habe, und erhielt zunächst keine Antwort. Nach kurzem Schweigen brachte der Mann schließlich hervor: »Ich weiß den Grund nicht mehr, die Sache liegt ja schon so lange zurück, aber es muß etwas sehr Gravierendes gewesen sein, weil ich mich noch an das verzerrte Gesicht meines Vaters erinnere. Mein Vater war sehr gerecht, also muß ich die Strafe verdient haben.«

Ich traute meinen Ohren nicht. Da sprach ein Mann, der Entwicklungspsychologie lehrte und sich aktiv gegen Kindesmißhandlung einsetzte, aber das Schlagen aus angeblich erzieherischen Gründen immer noch nicht als sinnlose Härte empfand. Viel wichtiger jedoch schien mir die Barriere in seinem Denken, die hier so deutlich zum Ausdruck kam. Das mußte schließlich Gründe haben, vermutlich sehr frühe Ängste, dachte ich und zögerte deshalb einen Moment lang, bevor ich das Risiko einging und mich zur Offenheit entschloß.

»Sie waren damals siebzehn Jahre alt und können sich nicht

erinnern, weshalb Sie bestraft wurden. Sie erinnern sich nur an das verzerrte Gesicht Ihres Vaters und folgern daraus, daß Sie die Strafe verdient haben. Aber Sie erwarten von Ihren drei und fünf Jahre alten Kindern, daß diese die gut gemeinten Lehren, die Sie ihnen mit den Schlägen vermitteln wollen, behalten werden. Wie kommen Sie dazu anzunehmen, daß ein kleines Kind diese Lektionen besser versteht als der Jugendliche und daraus etwas Positives lernt? Das geschlagene Kind kann sich nur an seine Angst erinnern, an die Gesichter der aufgeregten Eltern, aber wohl kaum an den Anlaß. Das Kind wird wie Sie annehmen, daß es böse war und die Strafe verdient hat. Wo sehen Sie da eine positive pädagogische Wirkung?«

Ich erhielt keine Antwort, aber am nächsten Tag kam der Mann auf mich zu und sagte, er habe wenig geschlafen und müsse vieles überdenken. Ich habe mich über diese Reaktion gefreut, weil da doch eine Bewegung sichtbar wurde. Die meisten Menschen fürchten diese Öffnung und wiederholen die Ansichten ihrer Eltern, ohne zu merken, daß sie damit in logische Widersprüche geraten, nur weil sie als Kinder gelernt haben, ihre Schmerzen nicht zu fühlen.

Doch die Spuren dieser Schmerzen sind nicht gelöscht. Wenn sie getilgt wären, müßten wir nicht das wiederholen, was uns angetan wurde. Die Erinnerungspartikel, von denen wir meinen, sie seien gelöscht, sind weiterhin in uns *wirksam*. Das erkennen wir spätestens dann, wenn wir uns unserer Verhaltensweisen bewußt werden.

Ich bin immer wieder verblüfft, wie präzise Menschen im Umgang mit den eigenen Kindern das Verhalten ihrer Eltern reproduzieren, ohne die geringste Erinnerung an ihre Kindheit zu haben. Ein Vater schlägt zum Beispiel seinen Sohn und demütigt ihn mit ironischen Bemerkungen, ohne sich gewahr zu werden, wie er von seinem eigenen Vater beschämt wurde. Erst in einer tiefgehenden Therapie mag er im besten Fall entdecken, was ihm im gleichen Alter angetan wurde. So bringt das Vergessen der frühen Traumen und Vernachlässigungen keine Lösung, denn die Vergangenheit holt uns ein, in unseren Beziehungen mit unseren Mitmenschen, aber vor allem mit unseren Kindern.

Was können wir dagegen tun? Meines Erachtens können wir versuchen, uns bewußt zu machen, was wir selbst erlitten, welche Meinungen wir als Kinder kritiklos übernommen haben, und diese unserem heutigen Wissen gegenüberzustellen. Das hilft uns, Dinge zu sehen und zu fühlen, für die wir früher blind und unempfindlich waren, weil wir uns vor der Gewalt der Schmerzen hüten mußten, solange wir keinen Zeugen hatten, der uns empathisch hätte zuhören können. In einer solchen Konstellation können sich die Ursachen der verdrängten frühen Emotionen zu erkennen geben, einen Sinn für uns erlangen und verarbeitet werden. Doch ohne empathische Begleitung und ohne das Verständnis für den Kontext der traumatischen Kindheit bleiben die Emotionen in einem chaotischen Zustand, der uns zutiefst ängstigt. Mit Ideologien aller Art lassen sich die Ängste so gut abwehren, daß ihr Ursprung völlig unkenntlich bleibt.

Ich habe im Vorwort kurz die Entstehungsgeschichte und das Funktionieren der Denkblockaden angedeutet und versuche hier, diese Mechanismen zu illustrieren. Die Denkblockaden sind einerseits unsere »Freunde«, weil sie uns vor dem Schmerz schützen und uns erlauben, Ängste vor Vergangenem abzuwehren. Andererseits können sie sich gerade deshalb auch als Feinde entpuppen, weil sie uns die emotio-

nale Blindheit bescheren und uns dazu treiben, anderen und uns selber damit zu schaden.

Um die Angst und den Schmerz des geschlagenen Kindes nicht spüren zu müssen, verzichten wir auf lebensbejahendes Wissen, lassen uns von Sekten vereinnahmen, durchschauen die Lügen nicht, behaupten, Kinder würden Schläge brauchen, usw. Mit diesem Kapitel versuche ich, statt eine abstrakte Abhandlung über Denkblockaden zu liefern, einige Beispiele zu schildern, an denen sich der Leser selber orientieren kann. Da jede Kindheitsgeschichte (trotz gemeinsamer Elemente wie zum Beispiel Demütigung und Mangel an Verständnis für das kindliche Leiden) im Grunde einmalig ist, sind die verleugneten und abgespaltenen Inhalte nicht bei allen Menschen die gleichen. Vielleicht liegt darin die Chance des Fortschritts und der Demokratie. Auch wenn Millionen aufgrund ihrer eigenen, tragischen Geschichte und ihrer emotionalen Blindheit geschickte Schauspieler oder sogar wahnhafte Verbrecher zu ihren Führern wählen, gibt es meistens im selben Land einige Menschen, die als Kind nicht mißhandelt wurden, die Helfende Zeugen hatten und als Erwachsene den Durchblick behalten. Sie sind frei genug, die Lüge zu durchschauen und reale Gefahren richtig einzuschätzen, während die Mehrheit dies nicht schafft und sich machtgierigen Politikern ausliefert.

Die emotionale Blindheit läßt sich am leichtesten an den Mitgliedern der Sekten beobachten, weil der Außenstehende nicht durch die gleiche Prozedur der Gehirnwäsche gegangen ist. Die Zeugen Jehovas beispielsweise befürworten die Züchtigung von Kindern und reden beständig vom drohenden Weltuntergang. Sie ahnen wohl nicht einmal, daß sie alle das geschlagene Kind in sich tragen, das den Weltuntergang tatsächlich schon erlebte, als es von seinen liebenden Eltern mißhandelt wurde. Was kann es Schlimmeres geben als solche Erlebnisse? Die Zeugen Jehovas haben anscheinend sehr früh gelernt, sich ihrer Schmerzen nicht zu erinnern und ihren Kindern gegenüber zu behaupten, Schläge täten nicht weh. Die Apokalypse ist für sie ständig präsent, aber sie wissen nicht, weshalb.

Oder nehmen wir als weiteres Beispiel die emotionale Blindheit des rumänischen Diktators Ceauşescu. Er wußte nicht, wie sehr er darunter gelitten hatte, daß er mit seinen zehn Geschwistern in einem einzigen Zimmer aufwuchs und extreme Verwahrlosung erfuhr. Dies hatte er in seinen monomanischen Luxuspalästen längst verdrängt. Aber sein implizites (körperliches) Gedächtnis hat das Leiden seiner Kindheit behalten und ihn dazu getrieben, sich dafür an seinem ganzen Volk zu rächen (AM 1990). Wie seine eigene Mutter durften die Frauen in seiner Diktatur nicht abtreiben lassen. So mußten die meisten Familien in Rumänien, wie ehedem seine Eltern, mehr Kinder aufziehen, als sie wollten und zu betreuen imstande waren. Die rumänischen Kinderheime waren daher überbelegt mit Jungen und Mädchen, die unter schwersten Verhaltensstörungen und Behinderungen litten, den Folgen dieser extremen Verwahrlosung. Wer brauchte diese vielen Kinder? Niemand. Nur der Diktator, den die unbewußten Erinnerungen zur Grausamkeit anstachelten und dessen Denkblockaden verhinderten, daß die Sinnlosigkeit seines Handelns ihm offenbar geworden wäre.

Viele meiner Kritiker halten mir entgegen, man könne weltgeschichtliche Ereignisse doch nicht nur auf die Kindheit eines Menschen zurückführen. Sie werfen mir Reduktionismus vor und entziehen sich jeglicher Diskussion mit dem

Wörtchen »nur«, das sie vom Nachdenken befreit. Ich habe aber nie behauptet, daß die von mir entdeckten Ursachen der welthistorischen Entwicklungen die einzigen seien. Was ich hingegen deutlich machen will, ist, daß sie *immer wieder ignoriert werden*. Aus verschiedenen Gründen unterstellt man mir Argumente, die ich nie verwendet habe. Extreme Vereinfachungen meiner Position finden sich sogar in Büchern wie dem des britischen Historikers Ian Kershaw, der sehr gewissenhaft über Hitlers Leben und Karriere recherchiert hat und dadurch den Anschein der Genauigkeit erweckt. Aber leider scheint sein Mangel an persönlicher, bewußter Erfahrung mit der Gefühlswelt des Kindes es ihm zu verwehren, die Dynamik der Kindheit und die wahnhafte Machtgier im späteren Leben in Beziehung zu setzen und zu verstehen.

Vom Prozeß der Abfuhr frühkindlicher Emotionen im Leben des Erwachsenen, von der Verwandlung in einen zerstörerischen Haß, wie wir ihn ja auch in Afrika beobachten können, scheint Kershaw noch nichts zu wissen. Dieses Nichtwissen offenbart die Denkblockaden eines Historikers, der seine intellektuelle Kapazität in die Untersuchung von Tausenden von Einzelheiten aus Hitlers Leben steckt, den in der Kindheit verborgenen Schlüssel zur Frage »Warum Hitler?« aber sorgsam meidet.

Ron Rosenbaum stellt diese Frage zwar in der französischen Ausgabe seines Buches *Pourquoi Hitler?*, beantwortet sie aber ebenfalls nicht. Er begnügt sich mit einer journalistischen Kompilation von Daten und Anekdoten, bringt aber eigentlich keine neue Reflexion. Er hütet sich auch davor, den tabuisierten Schlüssel zu berühren, obwohl ihm wichtige Untersuchungen wie etwa die von Robert G. L. Waite zur

Verfügung stehen. Als Vorspann zu seinem Buch *The Pycho-pathic God: Adolf Hitler* wählte Waite die Zeilen aus dem folgenden Gedicht von W. H. Auden, geschrieben am 1. September 1939, dem Tag, als der Zweite Weltkrieg mit dem Überfall der deutschen Wehrmacht auf Polen begann:

>»Accurate scholarship can
>Unearth the whole offence
>From Luther until now
>That has driven a culture mad,
>Find what occured at Linz,
>What huge imago made
>A psychopathic god:
>I and the public know
>What all schoolchildren learn,
>Those to whom evil is done
>Do evil in return.«

Dieser Text verdichtet die entscheidende Einsicht über das Wesen des Dritten Reichs, von der im zweibändigen Werk des ansonsten so fleißigen Historikers Kershaw keine Spur zu finden ist.

Daß wir Denkbarrieren in uns tragen, die in unserer Kindheit errichtet wurden, ist keine psychoanalytische Deutung, sondern eine Feststellung, die in jedem einzelnen Fall verifiziert werden kann. Allerdings wird die Überprüfung dadurch erschwert, daß sich leicht Werturteile einschleichen, die das Bild verzerren. Jeder Kriminelle wurde als Kind gedemütigt, mißhandelt oder wuchs in verwahrlosten Verhältnissen heran. Aber nur die wenigsten können dies zugeben. Viele wissen es einfach nicht mehr. So erschwert die Verleugnung die statistischen Erhebungen, die übrigens keine praktischen Auswirkungen für die Prophylaxe haben, solange in Sachen Kindheit Ohren und Augen verschlossen bleiben.

Manches ist bereits wissenschaftlich und statistisch bewiesen, beispielsweise daß geschlagene und bestrafte Kinder kurzfristig folgsamer sind und langfristig aggressiver und zerstörerischer. Aber was Psychologen mit Hilfe der Statistik mühsam erarbeitet und belegt haben, scheint die Öffentlichkeit kaum zu interessieren. So erschien zum Beispiel im Mai 2000 im *Wall Street Journal* ein Artikel mit dem Titel »Spanking come back«, der über angeblich neue Recherchen berichtet und in dem behauptet wird, heutzutage würden junge Eltern, auch solche, die selbst nie körperlich bestraft wurden, ihre Kinder vermehrt schlagen. Meiner Erfahrung nach kann man sich zumeist nicht daran erinnern, wenn die Prügel nur in der frühen Kindheit ausgeteilt wurden. Daher sind Aussagen wie »Ich wurde nie geschlagen« keineswegs zuverlässig. Außerdem konnte ich, dank sehr vieler Nachforschungen, feststellen, daß nur Menschen, die selber geschlagen wurden, den Zwang dazu in sich verspüren (was nicht heißt, daß alle ihm nachgeben). Menschen, die nicht gezüchtigt wurden, haben dieses Problem einfach nicht. Sie haben andere Probleme mit ihren Kindern, aber nicht dieses, weil ihr Körper die entsprechenden Erinnerungen nicht gespeichert hat.

Die Wissenschaft hat keinen großen Einfluß darauf, wie Kinder erzogen werden. Die Veränderung wird nicht von den Universitäten ausgehen. Sie wird eher von einzelnen, mutigen Menschen ermöglicht, von Anwälten, Richtern, Politikern, Krankenschwestern, Hebammen, aufgeklärten jungen

Eltern und Lehrern, die sich für die gesetzliche Verankerung der gewaltfreien Erziehung einsetzen. So haben sich auf die Initiative von Marilyn Fayre Milos, der Mitbegründerin und Direktorin der National Organization of Circumcision Information Resource Centers (NOCIRC), zuerst nur einige Krankenschwester dafür eingesetzt, daß die Beschneidung in den amerikanischen Geburtskliniken nicht mehr fraglos praktiziert wird. Sie weigerten sich, bei diesem grausamen Eingriff zu assistieren, und gewannen schnell die Unterstützung der Öffentlichkeit, die plötzlich begriff, daß sie bisher unkritisch den Vorschriften von Autoritäten gefolgt war. Früher wurden diese Operationen von den Kassen bezahlt und routinemäßig vorgenommen. Heute muß die Zustimmung der Eltern eingeholt werden.

Weshalb haben sich nicht schon früher männliche Ärzte geweigert, einem Neugeborenen unnötiges Leiden zuzufügen? Weshalb haben sie so lange nicht erkennen können, daß sie ein wehrloses Kind mißhandelten? Ich denke, weil sie selbst als Säuglinge Opfer einer solchen Mißhandlung waren und die Botschaft, sie sei schmerz- und harmlos, integriert haben. Dank der Aktion der ehemaligen Krankenschwester Marilyn Fayre Milos ist jetzt vielen Menschen bewußt, daß ein kleines Kind unter solchen Interventionen körperlich und seelisch leidet. Noch vor wenigen Jahren »wußte« man das nicht, bekanntlich operierte man die Kinder ohne Narkose. Hierbei handelt es sich nicht nur um einen Mangel an Mitgefühl, sondern ebenfalls um Denkblockaden. Die Annahme, daß ein Erwachsener unbedingt eine Narkose braucht, das hochsensible Neugeborene dagegen nicht, ist anders nicht zu erklären. Mit solch brutalen Eingriffen werden Denklähmungen geradezu vorprogrammiert. Deshalb waren es nicht die männlichen Ärzte, die dem destruktiven Brauch der Beschneidung ein Ende gesetzt haben, sondern Frauen, Krankenschwestern, die nicht Opfer dieses Brauches waren.

Das jetzt in Deutschland gesetzlich verankerte Züchtigungsverbot ist ebenfalls ein entscheidender Schritt zur Vermenschlichung unserer Beziehungen und zur Aufhebung von Denkblockaden. Wir haben ihn bezeichnenderweise Juristinnen und Politikerinnen zu verdanken. Psychotherapeuten und Psychologen (männlich wie weiblich) sind in der Beziehung weniger aktiv geworden, obwohl sie doch tagtäglich mit den Folgen von Kindheitstraumen konfrontiert sind. Vor zwanzig Jahren haben sich Therapeuten in Schweden sogar gegen eine ähnliche Gesetzesinitiative gewandt. Sie befürchteten, mit dem Verbot die Eltern noch mehr zu verärgern, was zu Lasten der Kinder gehen könne. Wie ich in *Das Drama des begabten Kindes* (1996) aufzeige, beginnt die Karriere des Psychologen bereits in der Kindheit mit dem verzweifelten Versuch, die Eltern zu verstehen und nicht über sie zu urteilen – das Böse nicht als solches zu erkennen, den Apfel vom Baum der Erkenntnis nicht zu essen. Die Ausweglosigkeit dieser Situation hinterläßt Spuren, die sich auch in der Einstellung zum Züchtigungsverbot manifestieren.

Das Anliegen des Kindes – verstehen, nicht urteilen – ist häufig die Triebfeder für die spätere Berufswahl. Doch wir dürfen in der Ausübung unserer psychologischen und psychotherapeutischen Berufe nicht in der Angst des Kindes befangen bleiben. Wir müssen als Erwachsene den Mut finden zu *urteilen*, das Böse zu *benennen* und es *nicht* zu *tolerieren*.

Eine Veränderung unserer Mentalität wird schrittweise erfolgen. Wenn Kinder nicht mehr geschlagen werden dürfen, werden diese Kinder zwanzig Jahre später anders denken und fühlen als die Mehrheit von uns heute. Davon bin ich fest überzeugt. Sie werden für das Leiden ihrer Kinder offene Ohren und Augen haben, und das wird mehr verändern, als statistische Untersuchungen jemals erreichen können. Mein Optimismus basiert auf der Idee der Prävention, der Verhinderung von Gewalt in der Kindheit mit Hilfe der neuen Gesetzgebung und der Aufklärung der Eltern (vgl. zum Beispiel die Aktivitäten der Organisation Parenting without Punishing, ashley@eaznet.com).

Aber wie kann man all jenen Menschen helfen, die bereits geschädigt sind? werde ich häufig gefragt. Müssen sie alle längere Therapien machen? Die Dauer einer Therapie sagt rein gar nichts über ihre Qualität aus. Ich kenne Menschen, die Jahrzehnte in Psychoanalysen verbracht haben, ohne je erfahren zu haben, was wirklich in ihrer Kindheit geschehen ist, weil ihre Analytiker sich scheuen, dieses Gebiet zu betreten und ihre eigene Kindheit aufzusuchen. Seit einigen Jahren gibt es indessen neue Richtungen in den Psychotherapien, die gezielt mit den Traumen arbeiten und in kurzer Zeit Erfolge vorweisen können, wie zum Beispiel die Eye Movement Desensitization and Reprocessing (EMDR), die von Francine Shapiro entwickelt wurde. Ich habe zuwenig Erfahrung damit, um zu verstehen, weshalb sie so wirksam sind, aber ich kann mir vorstellen, daß in vielen Fällen schon das Interesse des Therapeuten an den traumatischen Erlebnissen einen Prozeß in Gang setzen kann, in dem die Sprache des Körpers einen wichtigen Stellenwert erhält. Dieser Prozeß wird in einer klassischen Psychoanalyse, die sich auf die Deutungen der Phantasien beschränkt, nicht angestrebt. Ich habe selbst mit drei Analysen dieser Art meine Erfahrungen gemacht, alle bei Analytikern guten Willens, aber bei keinem der dreien gelang es mir, die Realität meiner frühen Kindheit auszugraben.

Dann habe ich sie mit Hilfe der Primärtherapie gesucht, aber ebenfalls nicht gefunden. Ich konnte zwar viele frühkindliche Gefühle entdecken, aber nicht den ganzen Kontext der frühen Realität begreifen und die Wahrheit zulassen, weil ich keinen empathischen Zeugen hatte. Heute würde ich niemandem raten, einen solchen Weg leichthin einzuschlagen, außer bei gut ausgewiesenen Fachleuten, da viele angeblich emphatische Zeugen ohne weiteres intensive Gefühle in ihren Patienten wecken können, ohne ihnen aus ihrem Chaos herauszuhelfen.

Ich werde häufig gefragt, was ich heute für den entscheidenden Faktor in der Psychotherapie halte. Ist es, wie ich in diesem Buch zu zeigen versuche, die emotionale und kognitive Erkenntnis der im Körper gespeicherten Wahrheit, die Befreiung vom Schweigegebot und von der Idealisierung der Eltern, oder ist es die Gegenwart des Wissenden Zeugen? Ich denke, dies ist kein Entweder-Oder, sondern ein Sowohl-Als-auch. Ohne den Wissenden Zeugen ist es unmöglich, die Wahrheit der frühen Kindheit zu ertragen. Doch unter einem Wissenden Zeugen verstehe ich nicht jeden, der Psychologie studiert oder Primärerlebnisse bei einem Guru erfahren hat und in Abhängigkeit von ihm geblieben ist. Wissende Zeugen sind für mich vielmehr Therapeuten, die den Mut haben, sich ihrer eigenen Geschichte zu stellen, dabei autonom werden und die nicht ihre verdrängte Ohnmacht durch die Macht über ihre Patienten ausgleichen müssen.

Am Beispiel des Psychiaters A im Kapitel »Das Umgehen der Kindheitsrealität in der Psychotherapie« versuchte ich anzudeuten, wie man ihm meines Erachtens mit einem anderen therapeutischen Konzept besser hätte helfen können. Theoretisch geht es für ihn darum, im täglichen Leben immer wieder zu sehen, wo Spuren seiner kindlichen Realität auftauchen, diese so besser kennenzulernen und nicht blind zu agieren. Er braucht Hilfe, um die gegenwärtigen Situationen als Erwachsener emotional zu bewältigen und gleichzeitig im engen Kontakt mit dem einst leidenden und wissenden Kind zu bleiben, das er so lange nicht anzuhören wagte, aber heute, in der Begleitung, anhören kann.

Der Körper weiß alles, was ihm geschehen ist, kann es aber nicht mit Worten ausdrücken. Er ist wie das Kind, das wir einmal waren, das Kind, das alles sieht, aber hilflos und ohne die Hilfe des Erwachsenen ohnmächtig ist. Wenn also Emotionen aus der Vergangenheit hochsteigen, dann sind sie immer von der Angst des sich ausgeliefert fühlenden Kindes begleitet, das auf das Verständnis oder zumindest auf die Beruhigung durch den Erwachsenen angewiesen ist. Auch ratlose Eltern, die ihr Kind nicht verstehen, weil sie ihre eigene Geschichte nicht kennen, können diese Beruhigung leisten. Sie können seine (und ihre eigenen) Ängste lindern, wenn sie ihrem Kind Schutz, Sicherheit und Kontinuität geben. Das gleiche kann unser kognitives System im Dialog mit dem Körper tun (Busnel).

Im Gegensatz zum Körper weiß das kognitive System wenig über alte Ereignisse, die bewußten Erinnerungen sind brüchig und unzuverlässig. Dafür verfügt es über ein umfangreiches Wissen, einen entwickelten Verstand und eine Lebenserfahrung, die dem Kind noch fehlen. Da der Erwachsene nicht mehr ohnmächtig ist, kann er seinem inneren Kind (dem Körper) Schutz und ein offenes Ohr bieten, damit es sich auf seine Weise artikulieren und seine Geschichte erzählen kann. Im Lichte dieser Geschichte erhalten die auftauchenden, unverständlichen Ängste und Emotionen des Erwachsenen ihren Sinn. Sie stehen endlich in einem Kontext und sind nicht mehr bedrohlich.

Ansätze zu diesem therapeutischen Konzept gibt es bereits seit einigen Jahren, häufig in Form von Ratschlägen für Selbsttherapien, die ich früher ebenfalls befürwortete. Heute tue ich das nicht mehr ohne Einschränkungen. Denn meines Erachtens bedürfen wir unbedingt der Begleitung Wissender Zeugen für diese Arbeit. Leider haben die meisten Therapeuten diese Art von Begleitung in ihrer Ausbildung selbst nicht erfahren. Ich kenne allzugut die verschiedenen Varianten der Angst der Therapeuten, ihre Eltern zu verletzen, wenn sie ihre eigene Not als Kind ohne Beschönigungen zu sehen wagen, und die daraus entstehende Hemmung, dem Patienten in seiner Not wirklich beizustehen. Aber je mehr wir darüber schreiben und sprechen, um so schneller wird sich diese Situation ändern und die Angst vermindern. In einer für die Not des Kindes aufgeschlossenen Gesellschaft ist man mit seiner Geschichte nicht mehr allein. Die Therapeuten werden es zunehmend wagen, die Freudsche »Neutralität« abzulegen und bedingungslos für das ehemalige Kind in ihrem Klienten Partei zu ergreifen. Dann wird auch der Klient den nötigen Raum erhalten, in dem er sich mit seiner wahren Geschichte gefahrlos konfrontieren kann. Wir sind heute soweit, daß wir derart tragische, lebenslange Irrwege wie den des Analytikers Guntrip (III.2) unseren Klienten ersparen könnten. Denn die im Körper gespeicherten frühesten Ängste lassen sich in der Therapie auflösen, wenn man deren Ursachen nicht leugnet.

III.
Durchbrüche zur eigenen Geschichte

Vorspann

Bisher ging es mir in erster Linie darum aufzuzeigen, daß die Kindheit in unserer Gesellschaft immer noch ein Tabu ist und weshalb es sich so verhält.

In den nun folgenden Kapiteln geht es mir um die Frage, was der einzelne tun kann, um sich von dem Gebot: »Du sollst nicht merken« zu befreien, wie er zu der Erkenntnis gelangen kann: »So war es« und zu der Entscheidung: »Ich will es mit meinen Kindern anders machen.« Ich kenne Menschen, die diesen Schritt gewagt haben, Menschen jeden Alters, und die nächsten Kapitel sollen ihr Erwachen beschreiben.

So schildere ich zunächst Jugendliche, die dank der neugewonnenen Erkenntnis die Empathie für die Sensibilität des kleinen Kindes wiedergefunden haben, noch bevor sie Eltern geworden sind. Das nächste Beispiel sind junge Mütter, die ihre Kinder stillen und dank der körperlichen Nähe zu ihnen wagen, die Spuren der einst in ihrer eigenen Kindheit erlittenen Mißhandlungen zu erkennen. Das hilft ihnen, ihre Kinder vor dem blinden Ausagieren ihrer Emotionen zu schützen. Die Problematik der Wiederkehr des Verdrängten nach der Geburt des ersten Kindes zeigt sich auch in dem nachfolgenden Bericht über Harry Guntrip.

Schließlich zeichne ich das Schicksal einer inzwischen verstorbenen Frau nach, die sich ihr Leben lang bemüht hat, alles richtig zu machen, und die ihre eigenen Empfindungen und Wahrnehmungen ständig unterdrückte, weil sie von klein auf dazu erzogen wurde, diese zu ignorieren und sich vollkommen unterzuordnen. Diese erzwungene Anpassung wurde später fester Bestandteil ihrer Persönlichkeit und brachte sie dazu, immer wieder in quälenden Beziehungen auszuharren. Erst durch eine lebensbedrohende Krankheit wurde es ihr möglich, die früh entwickelte Strategie der unbedingten Folgsamkeit zu durchschauen und aufzugeben, ihre eigenen Bedürfnisse zu entdecken und zu begreifen, daß sie diese immer dort durchzusetzen versuchte, wo eine Erfüllung ihrer Wünsche unmöglich war. Damit schuf sie jahrzehntelang immer wieder aufs neue die Notlage ihrer Kindheit, in der diese Erfüllung tatsächlich ausgeschlossen war. Sobald sie, durch die Krankheit, die Hilfe eines Wissenden Zeugen erhielt, konnte sie begreifen, daß die Not ihrer Kindheit nicht zwangsläufig die Not ihrer Gegenwart sein mußte, daß sie nicht mehr ohnmächtig war.

Als Kind war sie auf ihre Eltern angewiesen. Als Erwachsene konnte sie mit Menschen verkehren, die ihren bewußten Wunsch nach Kommunikation mit ihr teilten, und mußte nicht länger versuchen, ihre unbewußten Bedürfnisse Menschen aufzuwingen, die eine solche Kommunikation nicht wünschten.

Hätte diese Frau den Weg auch ohne Therapie bewältigen können? Diese Frage läßt sich nicht so allgemein beantworten. Es gibt immer wieder Menschen, die es ohne Therapie schaffen, ihre Projektionen und zerstörerischen Beziehungen aufzugeben. Ebenso gibt es Menschen, denen das auch mit Therapie nicht gelingt, weil sie nicht an die in der Kindheit liegenden Wurzeln ihrer Anpassung gelangen.

Jeder kann nur für sich selbst entscheiden, welche Risiken er eingehen kann und will. Und jeder weiß selbst am besten, wieviel ihm diese Ausgrabung bedeutet.

1. Wachsen in Gesprächen

Seit ich weiß, daß das Schlagen von Kindern langfristig nur negative Folgen zeitigt, setze ich mich aktiv dafür ein, diese Information jungen Eltern zu vermitteln. Ich tue dies mit Hilfe von Artikeln, Interviews, Vorträgen oder Flugblättern. Ab und zu spreche ich auch mit Schülern höherer Klassen, in der Hoffnung, ihnen dieses wichtige Wissen zu vermitteln, bevor sie heiraten und selbst Kinder haben. Bei all diesen Begegnungen spüre ich einerseits große Widerstände, sich mit diesem Thema überhaupt zu befassen, andererseits habe ich sehr häufig das Gefühl, bei fast all diesen Menschen eine Stelle zu berühren, die seit langem darauf wartet, berührt und erkannt zu werden, weil die Wunde nicht ausheilen kann, solange sie zugedeckt und verleugnet wird.

Bei den Schülern fällt mir auf, daß sie zunächst kaum zu wissen scheinen, worüber ich eigentlich spreche. Sie schauen mich an, als sei ich von einem fremden Planeten, und ab und zu entspinnen sich Dialoge wie der folgende: »Was Sie da sagen, habe ich noch nie gehört.« »Ja, bei jemandem in meinem Alter ist das vielleicht selten.« »Nein, nicht nur in Ihrem Alter. Ich höre doch überall, daß man Kinder nicht ohne Schläge erziehen kann. Es gab dann mal Verrückte, wie die Hippies oder die Eltern der Achtundsechziger, die die Kinder nicht schlagen wollten, aber sie haben sie vernachlässigt und nicht erzogen. Ihre Kinder, die inzwischen erwachsen sind, beklagen sich über den Mangel an Disziplin, an Richtlinien und an Orientierung. Und heute sieht man doch, was aus

Kindern wird, die von ihren Eltern nicht streng genug erzogen wurden. Sie tun, was sie wollen, und als Jugendliche spielen sie mit Waffen und bringen sogar ihre Schulkameraden um. Solche Fälle gab es doch nicht nur in den USA, sondern auch bei uns.«

Jugendliche, die sich auf diese Weise äußern, identifizieren sich vollständig mit der Meinung ihrer Eltern. Aber weil sie sich in der Adoleszenz befinden, in einer Zeit des emotionalen und intellektuellen Umbruchs und der Neugier, sind ihre Ansichten noch nicht festgefahren, und ich mache daher immer die Erfahrung, daß meine Mitteilungen sie erreichen. Nicht alle, aber viele von ihnen lassen sich schließlich von der Tatsache überzeugen, daß Jugendliche, die ihre Schulkameraden körperlich angreifen oder sie sogar umbringen, dies nicht tun, weil sie einst mit Liebe verwöhnt worden sind, sondern weil sie in verwahrlosten Verhältnissen aufwuchsen und mißhandelt wurden, ohne darauf reagieren zu dürfen. Der unterdrückte Zorn wirkt in ihnen wie eine Zeitbombe, die schließlich in destruktivem Haß explodiert. Wenn ich das sage, sehe ich an den Gesichtern der Schüler, daß sie genau wissen, wovon ich spreche. Ihr Körper ist noch ganz nahe an diesem Wissen, und im Gegensatz zu den Erwachsenen behaupten sie noch nicht: »Aber trotz der Schläge bin ich doch groß und mächtig geworden. Das verdanke ich eigentlich den Hieben meines Vaters und meiner Mutter.« Soweit sind die Jugendlichen noch nicht, und ihre Erinnerungen an das Geschlagenwerden sind noch keine fünfzig oder sechzig, sondern kaum zehn Jahre alt.

Ein Gymnasiast von etwa siebzehn Jahren, dessen Eltern beide Lehrer sind, sagt etwa: »Meine Eltern lieben mich und haben alles gut gemacht. Sie haben mich zuerst nicht ge-

hauen, aber später konnten sie nicht anders, denn ich war ein Kind, das am Unsinn Freude hatte. Immer wieder habe ich etwas Dummes angestellt.« Der Schüler wirkt sehr intelligent, ist aber sehr unruhig und nervös. Ich frage ihn, ob er uns ein Beispiel für diesen Unsinn geben könne. »Zum Beispiel bin ich mit zehn Jahren von zu Hause weggelaufen, und meine Mutter suchte mich fünf Stunden lang. Natürlich wurde ich später verdroschen, und heute bin ich überzeugt, daß die Strafe richtig war. Ich habe das nie wieder gemacht. Aber dafür anderen Unsinn. Ich kann es einfach nicht lassen. Wahrscheinlich bin ich schon böse auf die Welt gekommen.«
»Haben Sie sich mal gefragt, warum Sie so etwas tun? Was hat Sie dazu bewogen, sich von Ihrer Mutter fünf Stunden lang suchen zu lassen? War das nur, um ihr wehzutun? Versuchen Sie, sich in diesen zehnjährigen Jungen einzufühlen.« Der junge Mann schaut mich nicht an, aber ich sehe, daß sich sein Gesicht verändert, die aufgesetzte Arroganz ist weg. Nach einer Weile sagt er: »Ich weiß noch, als sie mich schlugen, dachte ich, wenn sie mich so verzweifelt gesucht haben, lieben sie mich also doch. Ihre Wut ist ein Beweis ihrer Liebe.« »Wenn Sie weggelaufen sind, um diese Liebe auf die Probe zu stellen, dann war es doch kein Unsinn. Vielleicht hatten Sie keine anderen Beweise.« »Ja, so gesehen sieht das anders aus. Ich hatte immer das Gefühl, daß ich meinen Eltern eine Last war und sie froh wären, wenn es mich nicht gäbe. Aber ihre Wut hat mir gezeigt, daß dies nicht so war.«
»So hat das zehnjährige Kind eigentlich intelligent und zielgerichtet gehandelt. Warum nennen Sie das Unsinn?« »Ich weiß nicht, ich ... ich hielt mich immer für ein böses Kind, das ständig vom Unsinn getrieben wird.«
So kann ein Mensch seine ganze Kindheit hindurch mit dem

Etikett herumlaufen: »Ich bin böse, ich bin dumm, ich bin unausstehlich, ich bin eine Last« und kommt nie dazu, dies zu korrigieren, wenn seine Umgebung diese Meinung zu bestätigen scheint. Die Etiketten werden von den Eltern verteilt, entsprechen dem, was sie an ihrem Kind nicht ertragen. Und sie nehmen gerade das nicht hin, was ihre eigenen traumatischen Erinnerungen wachrufen könnte. Doch das Kind muß nicht Gefangener dieser Zuschreibungen bleiben. Es genügt ein Lehrer, der ihm hilft, diese in Frage zu stellen. Meine Erfahrung mit den Schulklassen zeigt mir, daß dies gar nicht so schwierig ist, aber selten gemacht wird.

Im Rahmen meiner Aufklärungsarbeit treffe ich ab und zu Frauen, die der Leche Ligue (Stillgruppen) angehören. Diese Bewegung, in Amerika entstanden, ist auch in Europa ziemlich weit verbreitet. Die Frauen wollen möglichst lange ihr Kind stillen, da sie dies als sehr wichtig für seine Entwicklung erachten. Sofern es sich um das erste Lebensjahr handelt, stimme ich dieser Meinung völlig zu. Ursprünglich wollte ich die jungen Mütter nur informieren, daß es nicht gut sei, ihre kleinen Kinder mit Hilfe von »Klapsen« zu erziehen, war aber eigentlich überzeugt, daß eine Mutter, die sich durch das Stillen mit ihrem Kind stark verbunden fühlt, kaum auf diese Idee käme. Wie sich bald zeigte, erwies sich meine Annahme leider als falsch. Offenbar verspürten fast alle Frauen immer wieder mal den Zwang, ihr Kind zu schlagen – sei es aus Überforderung, weil sie das Schreien ihres Kindes nicht ertrugen; sei es aus Verzweiflung, weil sie den Grund seines Schreiens nicht verstehen konnten und meinten, es liege an ihrer Übermüdung oder an der Überlastung mit Haushalt, Beruf und Mutterdasein etc. Bisher realisierte keine, daß der Impuls zum Schlagen von ihrer unglücklichen Kindheit herrührte. Die einen kämpften verzweifelt dagegen an, die anderen gaben ihm nach und meinten, richtig zu handeln, insbesondere wenn sie von ihren Müttern dazu angehalten wurden.

Eine dieser Gruppen habe ich dreimal in Abständen von etwa vier Monaten besucht. Beim ersten Mal verteilte ich ein von mir erstelltes Flugblatt, das über die unheilbringenden Folgen der »Klapse« für Säuglinge und Kinder aufklärt, und fragte die jungen Mütter, die mit ihren Säuglingen kamen, ob sie ein Problem mit »Klapsen« hätten. Eine antwortete, sie gebe, wenn nötig, natürlich »Klapse«, um dem Kind zu zeigen, was verboten sei. Aber sie tue dies ohne jegliche Emotion. Eine andere erwiderte, daß ihr manchmal die Hand ausrutsche, aber das komme nicht oft vor. Eine dritte entgegnete, ihr zehn Monate alter Junge zerbröckele die Kekse auf dem Boden, und er müsse doch endlich lernen, dies zu unterlassen. Doch ihre »Klapse« reichten nicht aus, und ihre Mutter behaupte, er tue das, weil sie nicht streng genug mit ihm sei. Ich fragte sie, ob sie das Bedürfnis habe, ihm mit Schlägen gute Manieren beizubringen. Plötzlich fing sie an zu weinen und sagte: »Nein, er tut mir immer leid. Aber ich muß es doch richtig machen. Alle in meiner Familie sagen, ich verwöhne ihn und erziehe ihn zu einem Tyrannen. Was soll ich bloß machen?« Ich fragte die junge Mutter, ob sie als Kind selber geschlagen wurde. »Natürlich«, antwortete sie, »ich kenne es gar nicht anders.«

Der Mutter, die ihr Kind ohne Emotion disziplinierte, stellte ich die gleiche Frage. Sie erklärte, sie sei von beiden Eltern mit Gurten und Kleiderbügeln verhauen worden, wobei die Eltern sehr viel Wut gezeigt hätten. Sie hingegen tue es ohne

Affekte. Sie wolle nicht, daß das Kind unter ihrer Wut leide, weil sie es liebe, könne aber nicht begreifen, weshalb der Junge so ängstlich sei und sich an sie klammere. Ich fragte, ob sie es für möglich halte, daß er Angst vor den nächsten Hieben habe. Sie meinte, er sei noch zu jung, um das zu erfassen. Sie glaubte allen Ernstes, daß das Kind zu klein sei, um Angst zu haben, aber vernünftig genug, um ihre erzieherischen Ziele zu verstehen, die sie ihm mit Hilfe des Schlagens vermitteln wollte. Daß ein Kind durch Angst nichts anderes lernen kann, als Angst zu haben, war ihr nicht klar.

Als ich diese Gruppe nach einigen Monaten wiedertraf, war ich erstaunt über den Prozeß, der bei diesen Frauen in Gang gekommen war. Sie begannen zu sehen. Ihre Kinder waren für sie nicht mehr Objekte, die sie erziehen sollten, sondern Menschen, die ihnen mit ihren Augen, ihrem Weinen, ihrem Verhalten Mitteilungen machten, für die die Frauen plötzlich Antennen entwickelt hatten. Vermutlich hat ihnen die Vertrautheit mit dem Kind, die durch das Stillen entsteht, dazu verholfen, sich der Herausforderung durch meine Fragen und gleichzeitig ihrer eigenen Vergangenheit zu stellen, weil sie sich durch die Nähe des Kindes weniger allein fühlten. Auf der anderen Seite hat gerade diese Nähe dazu geführt, daß ihre eigenen kindlichen Bedürfnisse, die sie einst so tief vor sich selber verbergen mußten, an die Oberfläche drängten. Ihr Körper erinnerte sich noch intensiver an die früh erlittenen Frustrationen und an die Mauer der Ignoranz und Kälte, die ihm entgegenstand.

Eine der jungen Frauen erzählte zum Beispiel, sie habe erst jetzt von ihrer Schwester erfahren, daß ihre Mutter sie, als sie zwei Jahre alt war, gebissen hat, bis sie blutete. Das ereignete sich in einer Familie, die von beiden Elternteilen mit Gewalt regiert wurde. Die Frau war in der ersten Begegnung kaum zugänglich für unsere Themen gewesen. Sehr intellektuell geprägt, sagte sie, sie mache eine NLP-Therapie, die ihr helfen werde, destruktive Muster nicht zu übernehmen. Doch schon während der zweiten Begegnung erzählte sie weinend von ihrem Leid und ihren Versuchen, ihren Kindern eine andere Mutter zu sein, als sie es selbst erfahren habe. Ihr Mut, die Tradition der Gewalt zu verlassen, war erstaunlich. Als sie einige Monate später, in der dritten Sitzung, beschrieb, wie sie als zweijähriges Kind von ihrer Mutter gebissen wurde, brachen einige Frauen spontan in Schluchzen aus. Sie konnten es kaum ertragen, ihr zuzuhören, weil sie plötzlich von ihren eigenen Erinnerungen aufgesucht wurden. Sie wunderten sich, daß man als Kind eine Mutter lieben kann, die zu so viel Grausamkeit fähig ist, und daß man gleichzeitig Tendenzen zur Grausamkeit in sich selbst entdeckt, von denen man bisher keine Ahnung hatte. Das ermöglichte ihnen wiederum eine Toleranz für die Ignoranz ihrer Mütter zu entwickeln. Alle Frauen waren sich darin einig, daß die Arbeit in der Gruppe ihnen hilft, diese (nichtvererbten) Tendenzen besser zu kontrollieren, weil sie nun deutlich sehen, woher diese kommen und sie sich ihnen nicht mehr ausgeliefert fühlen.

Die Theologin Lytta Basset schreibt in ihrem Buch *Le pardon originel*, das Böse sei nicht auszurotten, weil wir dazu verdammt seien, das zu wiederholen, was uns angetan wurde. Daher bleibe uns nichts anderes übrig, als das Böse zu akzeptieren und den anderen und uns zu verzeihen, damit wir, soweit möglich, frei werden. Sie stimmt zwar mit mir überein, daß wir unbedingt erkennen müssen, was uns eigentlich zugefügt worden ist, um wirklich verzeihen zu können, aber für mich liegt der Schwerpunkt nicht im Akt der Vergebung, sondern in der Möglichkeit, die Realität der frühen Kindheit ernst zu nehmen, sie nicht zu verleugnen.

Als Therapeutin weiß ich, daß es möglich ist, sich von alten Mustern loszusagen, wenn man einen Menschen findet, der einem glaubt und beistehen kann. Der einem keine Predigten hält, sondern wirklich dem einzelnen helfen will, mit seiner Wahrheit zu leben. Die Erfahrungen mit Patienten und mir selber zeigten mir, daß es noch ganz andere Mittel gibt, um sich vom Bösen zu befreien – jedenfalls mehr Mittel, als sich die Theologen bislang träumen ließen.

Den alten Eltern ehrlich (und nicht durch Moral erzwungen) zu verzeihen ist nur dann nicht schwer, wenn man sich mehrmals erlaubt hat, die Not, die sie uns bereitet haben, zu fühlen, diese ernst zu nehmen und das Ausmaß der erfahrenen Grausamkeit zu erfassen. Eine erwachsene Frau ist durchaus fähig sich vorzustellen, daß auch ein netter Mensch, der in der Kindheit mißhandelt wurde, zu Grausamkeiten in der Lage ist. Gerade eine Frau, die das gleiche jetzt mit ihrem kleinen Kind erlebt und sich selbst gegenüber so ehrlich ist wie die Frauen in der beschriebenen Gruppe, kann sich das sehr gut vergegenwärtigen. So wird ihr mit der Zeit die Verzeihung möglich sein, aber nicht die Verzeihung wird diese jungen Mütter befreien, sondern die Tatsache, daß sie mit ihrem Wissen nicht alleine sind, daß sie die Wahrheit nicht leugnen müssen, daß sie das Böse als Böses erkennen dürfen. Diese Sicherheit kann man in Gruppen entwickeln.

Das Mitgefühl der Frauen für die Freundin war so direkt und echt, daß diese sich zum ersten Mal berechtigt fühlte, gegen ihre Eltern zu rebellieren. Sie erzählte mir später, daß sie von da an ihre Kinder ganz anders empfunden habe. Nicht mehr als Wesen, die nichts anderes im Sinn hatten, als sie zu tyrannisieren, sondern als hilflose Geschöpfe, für die sie jetzt Verantwortung übernehmen wollte. Und sie konnte es, weil nun das Kind, das sie selbst einmal war, anfing zu wachsen. Bisher war es mit seiner Angst vor der Gewalttätigkeit der Eltern wie in einem Gefängnis eingesperrt.

Viele von uns behandeln das sogenannte innere Kind wie einen Sträfling, der in ständiger Angst leben muß und abgeschnitten von dem Wissen ist, das ihn befreien könnte. Wenn dieses Kind einmal seine Fesseln abschütteln darf, wenn ihm erlaubt wird, zu sehen und zu beurteilen, was es sieht, kann es sein Verlies verlassen. Es hat keine Angst mehr, weil es die Manipulationen durchschaut hat. Es hat keine Angst zu sehen, weil es nicht schweigen muß, weil es das sagen darf, was es sieht, weil es mit dem, was es sieht, nicht allein ist, sondern vom Wissenden Zeugen bestätigt wird, weil es endlich von ihm das bekommen hat, was ihm die Eltern verweigert haben: den Nachweis, daß seine Wahrnehmungen richtig sind, daß Grausamkeit und Manipulation sind, was sie sind, daß das Kind sich nicht zwingen muß, Liebe in ihnen zu sehen, daß dieses Wissen notwendig ist, um echt zu sein und zu lieben, und daß der Apfel vom Baum der Erkenntnis gegessen werden darf.

Zum ersten Mal dürfen sie etwas empfinden, was für ein geliebtes und beschütztes Kind ganz selbstverständlich war, nämlich die Einheit mit sich selbst. Sie dürfen ihren Sinnen glauben, müssen sich nicht länger betrügen und dürfen sich endlich in ihrem Innern zu Hause fühlen. Sie müssen nicht wie früher fliehen. Sie können ihre Gefühle zulassen im Vertrauen, daß diese ihnen nichts anderes mitteilen als das, was zu ihnen und ihrer Geschichte gehört, in der sie sich immer besser auskennen werden.

In meinem Buch *Wege des Lebens* schildere ich im Kapitel »Sandra« und »Anika« Gespräche der erwachsenen Töchter mit ihren alten Eltern. Haben solche Gespräche eine therapeutische Wirkung für die Töchter? Diese Frage wurde mir mehrmals gestellt, und ich will versuchen, hier etwas genauer darauf einzugehen. Ich denke, wenn die Eltern bereit und fähig sind, zuzuhören und ihre Gefühle offen auszudrücken, können solche Gespräche für beide Seiten eine therapeutische Wirkung haben. Wenn die Eltern aber weiterhin ihre Kinder belehren möchten, kann ja gar kein wirkliches Gespräch zustande kommen. In den beiden Beispielen, die ich in dem Buch schildere, hatten die Töchter vorher eine längere Therapie durchlebt. Dank dieser konnten sie ihre Fragen so anbringen, daß sie die Antworten erhielten, die ihnen weiterhalfen. Sie konnten auch die Abwehr der Eltern teilweise durchbrechen und gleichzeitig auf ihre eigenen Emotionen achten. Das ist nicht selbstverständlich.

Was es den Frauen möglich machte, so ruhig zu sprechen und nicht in heftige Emotionen auszubrechen, die den Dialog blockiert hätten, war nicht etwa eine therapeutische Haltung. Wir können mit unseren Eltern nicht therapeutisch umgehen. Das würde deshalb nicht gelingen, weil wir etwas von ihnen brauchen. Die beiden Frauen suchten nach mehr Informationen und waren daher nicht so frei wie ein Therapeut, der nicht von seinem Klienten abhängig ist und somit auf dessen Gefühle und Bedürfnisse einzugehen vermag. Sandra und Anika suchten einen echten Dialog mit ihren Eltern, als die erwachsenen Kinder, die sie geworden sind. Das ist der wesentliche Unterschied zwischen ihrem Anliegen und dem eines Therapeuten.

Was war es also, das diesen beiden Frauen half, nicht in Wut zu geraten, wenn sie, wie früher, auf das Unverständnis ihrer Eltern stießen? Sie haben beide in ihren Therapien gelernt, ihre starken Emotionen bei sich zuzulassen, sie ernst zu nehmen und sie nicht gegen ihre eigenen Interessen auszuagieren. Auf diese Weise bekamen sie Kontrolle über diese Gefühle. Sie waren nicht gezwungen, sich von ihnen treiben zu lassen, hatten die Freiheit, sie zu erleben und zu entscheiden, *welche* Gefühle sie *wem* zeigen wollten. Hätten sie eine Therapie durchlaufen, die nur auf der kognitiven Ebene geblieben wäre, ohne die Gefühle zu berühren, wären sie vermutlich in Gefahr gewesen, in der Konfrontation mit den Eltern die Kontrolle zu verlieren oder sich so zu verschließen, daß kein echtes Gespräch zustande gekommen wäre.

Müßten auch die Eltern eine Therapie durchgemacht haben, um sich einem solchen Gespräch zu stellen? Das wäre natürlich optimal, denn eine Auseinandersetzung mit den erwachsenen Kindern, die ihr Bewußtsein erlangt haben, fordert die alten Menschen stark heraus und konfrontiert sie mit längst verdrängten Erfahrungen. Wenn sie spüren, daß sie ihre Kinder nicht länger für Verletzungen verantwortlich machen können, die sie bei den eigenen Eltern erlitten haben, geraten sie in eine sehr schwierige Lage, weil früh verdrängte Emotionen aus der eigenen Kindheit in ihnen hochsteigen können. Eine Therapie, die ihnen die Chance gibt, mit jemandem an diesen Emotionen zu arbeiten (was in jedem Alter möglich ist), könnte ihnen helfen, sich selbst zu verstehen.

Doch eine Therapie ist für ein solches Gespräch nicht unbedingt nötig. Entscheidend ist meines Erachtens die Einstellung der alten Eltern. Sie können auch ohne Therapie die Mitteilungen der Kinder zum Anlaß nehmen, um über ihr früheres Leben zu reflektieren und sich vorzustellen, wie sie als junge Eltern auf ihre Kinder gewirkt haben. Doch all das ist erst möglich, wenn die Eltern nicht mehr unbewußt annehmen, daß ihr Kind auf die Welt kam, um sie endlich glücklich zu machen und/oder seine Großeltern zu ersetzen. Die unbewußte Verwechslung der Realitäten muß dem alten Menschen bewußt werden.

Das gilt für beide Seiten. Es kommt vor, daß auch die erwachsenen Kinder ihre Kindheitsrealität mit der heutigen durcheinanderbringen. Das kann sich in der Art ausdrücken, wie sie ihre eigenen Kinder behandeln, aber auch darin, wie sie mit ihren alten Eltern umgehen. Ich kannte eine vierzigjährige Frau, die weder einen Partner noch eine zufriedenstellende Arbeit finden konnte und für beides ständig ihre Mutter verantwortlich machte. Sie warf ihr vor, diese habe nicht genug für sie gesorgt, als sie klein war, und sie nicht vor dem Inzest beschützt. Die Mutter, selber ein Inzestopfer, hat tatsächlich nicht gesehen, was sich in ihrer Abwesenheit zu Hause abgespielt hatte.

Als sie davon später von ihrer Tochter erfuhr, war sie so niedergeschmettert, daß sie alles tun wollte, um Buße zu leisten. Sie entschuldigte sich immer wieder für ihr früheres Versagen und akzeptierte alle Vorwürfe ihrer Tochter, auch wenn sie Dinge betrafen, die nichts mit der Mutter zu tun hatten. Und die Tochter, die trotz allem das Bild ihres geliebten Vaters nicht aufgeben konnte oder wollte, benutzte die Mutter als Sündenbock für alles. Sie reagierte wie ein kleines Kind und blieb gefangen in dieser Mutterbindung, ohne als Erwachsene die Verantwortung für ihre Gefühle und Handlungen zu übernehmen.

Auf der anderen Seite blieb auch die Mutter in ihrer kindlichen Realität verhaftet, sie fürchtete sich ständig vor der nächsten Strafe ihrer eigenen Mutter und war bereit, immer wieder ihre Schuld zu beichten. In diesem symbolischen Kontext wurde ihre Tochter zu ihrer strengen und strafenden Mutter, die sie mit ihrer Willfährigkeit freundlich stimmen wollte und von der sie Verzeihung erhoffte. Ihr Flehen um Zeichen der Liebe und Versöhnung verstärkte die Ohnmachtgefühle der Tochter. Natürlich konnte aus einer solchen Bindung keine echte Liebe entstehen. Es ergab sich vielmehr eine Haßbindung, die von den Selbstlügen beider genährt wurde. Die Tochter wollte sich die Auseinandersetzung mit dem Vater dadurch ersparen, daß sie die Mutter als Zielscheibe ihres Zorns benutzte, und die Mutter wollte nicht wahrhaben, daß die Tochter nicht ihre Mutter ist, daß sie das Recht auf ein eigenes Leben hat, das nicht durch die Schuldgefühle der Mutter blockiert werden darf.

Gespräche zwischen den Generationen können sehr hilfreich sein, wenn beide Seiten es wagen, ihr Herz zu öffnen, dem anderen zuzuhören und sich nicht hinter der Mauer des Schweigens oder der Macht verstecken müssen.

Die eben geschilderte Mutter-Tochter-Beziehung ist natürlich sehr weit entfernt von dieser Möglichkeit. Sie ist nicht aufbauend, sondern zerstörerisch. Die Tochter beutet die Bereitschaft der Mutter zur Reue aus, um selber keine Verantwortung für ihr Leben übernehmen zu müssen, und die Mutter nutzt die Tochter aus, indem sie sie zur eigenen Mutter macht, nicht wagt, ihr Grenzen zu setzen und sich gegen Ungerechtigkeit zu wehren. Sie fürchtet sowohl ihre eigene Wut und Rache als auch die der Tochter. Wenn beide eines Tages ihre Gefühle zulassen und offen aussprechen könnten, kämen sie vielleicht zu den Quellen dieser Gefühle, in beider Leben. Dank der Offenheit solcher Dialoge können beide Seiten wachsen und mit Erstaunen feststellen, daß sich ihre Ängste vermindert haben und sie dadurch auch ihre ursprüngliche Fähigkeit, zu lieben und frei zu kommunizieren, wiedererlangt haben.

2. Ohne Wissende Zeugen
(Der Leidensweg eines Analytikers)

Die Ehrlichkeit und Offenheit der jungen Mütter, die ich im letzten Kapitel zu Wort kommen ließ, werfen ein Licht auf eine Tatsache, auf die ich in meinen Büchern immer wieder hinweise, die aber meines Wissens kaum in der Psychoanalyse reflektiert wurde: die Realität einer Mutter, die selber als kleines Kind mißhandelt wurde. Ihre Abwehr gegen diesbezügliche Gefühle mag noch so gut funktioniert haben, bei der Geburt des ersten Kindes bricht sie häufig zusammen, wenn ihr niemand beisteht, das unbewußt Gebliebene ins Bewußtsein zu holen (AM 1998a, 2. Kapitel).

An diese Realität hat sich meines Erachtens die Psychoanalyse bisher nicht herangewagt, wie ich in meinem Buch *Du sollst nicht merken* anhand ausführlicher Beispiele belege. Die Idealisierung der Mutter zieht sich durch die ganze Geschichte der Psychoanalyse hindurch, und ihre Aufmerksamkeit konzentriert sich auf die Strukturen der kindlichen Psyche, auch in späteren Modifikationen. Die Schule von Melanie Klein ist ja geradezu aus der Bemühung, die Mutter zu schonen und das Kleinkind zu beschuldigen, heraus entstanden. Donald W. Winnicott näherte sich zwar der Realität der Mutter, aber auch er blieb in deren Idealisierung befangen.

Das läßt sich an einem Beispiel illustrieren, wobei die Grundlagen der nun folgenden Aussagen Harry Guntrips erstmals 1975 publizierter Bericht über seine beiden Analysen und Jeremy Hazells 1996 veröffentlichte Biographie Guntrips bilden.

Der Analytiker Harry Guntrip wünschte sich sein ganzes Leben lang zu ergründen, was ihm in seiner Kindheit widerfahren war, da er an schweren körperlichen Symptomen litt und an einer völligen Amnesie hinsichtlich des Todes seines jüngeren Bruders Percy. Er konnte sich nur erinnern, daß er von seiner Mutter wiederholt heftig geschlagen wurde, vor allem auf den Mund. Später, als Erwachsener, erfuhr er von ihr, daß sie nie Kinder haben wollte und ihn nur deshalb so lange gestillt hatte, um nicht noch einmal schwanger zu werden. Einmal, so berichtete sie weiter, habe sie sich einen Hund angeschafft, mußte ihn aber bald wieder abgeben, weil sie ihn tagtäglich zwanghaft verprügelte.

Sie selber sei als ältestes von elf Kindern aufgewachsen, für die sie ganz allein Sorge tragen mußte, weil ihre Mutter, eine begehrte Schönheit, weder Interesse an deren Entfaltung hegte noch sich Zeit für deren Obhut nehmen wollte. Man kann durchaus nachvollziehen, daß Guntrips Mutter, wie sie selber erzählte, sich nach diesem Kindheitsschicksal alles andere wünschte – Freiheit, Reisen, Anerkennung –, als sich schon wieder um Kinder kümmern zu müssen, denn bereits im zarten Kindesalter war sie durch diese Aufgabe vollkommen überfordert worden. Sie hatte ja kaum etwas für sich. Diese Umstände machen begreiflich, weshalb sie sich nicht auf Harrys Geburt gefreut hat und weshalb sie das Kind nicht lieben konnte. Dies erklärt aber auch seine verzweifelte Lage und die Beschaffenheit seiner Symptome.

1930 hatte sein Allgemeinarzt nach einem der Besuche seiner Mutter eine stark entzündete Nebenhöhle diagnostiziert und ihn an einen Chirurgen überwiesen, nachdem die medikamentöse Behandlung erfolglos geblieben war. Die Operation führte zur Entfernung aller vorderen Zähne mitsamt der Knochen und Knochenhaut. Es fehlte von nun an jeglicher »Anker« für seine künstlichen Zähne. Er konnte niemals mehr mit anderen Menschen zusammen speisen. Die Operation verhinderte auch nicht die jeden Winter erneut auftretenden Nasenhöhlenentzündungen.

Guntrip verbrachte über tausend Stunden in der Analyse bei Ronald Fairbairn, den er bewunderte und dem er sich zu Dankbarkeit verpflichtet fühlte; indes haben ihm die Sitzungen, wie er schreibt, wenig geholfen. Fairbairn interpretierte unter anderem Guntrips »Beschäftigung mit der schlechten Mutter« zwischen seinem dritten und fünften Lebensjahr als »sexualisierte Beziehungen mit einer kastrierenden Mutter in der ödipalen Phase«. Seine Körpersymptome verstand er als »hysterische Konversion«. Es ist, allgemein betrachtet, bezeichnend für die Treue von Schülern, daß Fairbairn, der es immerhin wagte, Freuds Triebtheorie in Frage zu stellen, in seiner Praxis doch noch den Freudschen Konzepten verpflichtet zu sein schien, vielleicht weil er seine eigenen kindlichen Abhängigkeiten mit niemandem bearbeiten konnte.

Nach dieser langen und fast erfolglosen Behandlung versuchte es Guntrip mit Winnicott und traf bei ihm auf viel mehr Wärme und Empathie. Er konnte dank dieser Begleitung schon nach hundertfünfzig Stunden die Ablehnung durch seine Mutter deutlicher denn je erkennen, und es ging ihm eine Weile viel besser, allerdings ohne daß er seine Amnesie hätte beheben können. Wenige Jahre nach Winnicotts Tod im Jahr 1971 erkrankte Guntrip an Krebs; er wurde im Januar 1975 operiert und starb im Februar 1975, da die Krankheit bereits weit fortgeschritten war.

Aus Guntrips Bericht und Hazells Biographie geht hervor, daß Guntrip sich Winnicotts Deutung zu eigen machte, seine Mutter hätte ihn in den ersten Monaten geliebt. Winnicott war fest überzeugt, daß sie das Kind erst später, infolge äußerer Überforderung, abgelehnt hatte. So versuchte Guntrip brav, das »gute« und das »böse« Objekt zu »integrieren«, wie es ihm seine Analytiker nahelegten, aber sein Körper ließ sich nicht täuschen, er kannte die Wahrheit allzugut, er »wußte«, daß seine Mutter (aufgrund der eigenen verdrängten Geschichte) ihr erstes Kind *von Anfang an* nicht lieben konnte.

Diese Wahrheit ist für einen Außenstehenden leicht nachvollziehbar, aber für das betroffene Kind ist sie unfaßbar, und dem erwachsenen Analysanden, dem man nicht hilft, sie zu ertragen, bleibt sie ebenfalls unzugänglich.

Guntrip wollte glauben, was ihm Winnicott sagte, er klammerte sich nahezu an diese Illusion und mußte sie meines Erachtens mit einer tödlichen Erkrankung bezahlen. Schon in der ersten Nacht nach Winnicotts Tod hatte er einen Traum über seine tragische Beziehung zu seiner Mutter, die ihn als Baby gar nicht wahrnahm und ganz in ihrer Depression versunken war. Darauf folgte in den nächsten zwei Wochen eine Traumsequenz, die ihm die volle Wahrheit offenbarte und ihm half, seine Amnesie zu beheben. Von dem letzten dieser Träume erzählt er folgendes: »Ich sah im Traum ein erleuchtetes Zimmer, wo ich Percy wiederfand. Ich wußte, daß er es war. Er saß auf dem Schoß einer Frau, die kein Gesicht, keine Arme und keine Brüste hatte. Sie war nur ein Schoß, auf dem man sitzen konnte, keine Person. Er schaute sehr deprimiert, und seine Mundwinkel waren heruntergezogen, als ich versuchte, ihn zum Lachen zu bringen.« Ich würde meinen, daß Percy hier auch ihn selber darstellte. Die Amnesie löste sich auf, als kein Analytiker mehr ihn von der Wahrheit fernhielt. Doch Winnicotts liebevolle Einfühlung in seine Lage als Kind half Guntrip, endlich die ganze Wahrheit im Traum zuzulassen.

Diese Traumserie, meinte Guntrip, hatte ihm die Ernte seiner zwanzigjährigen analytischen Arbeit eingetragen. Doch er war nun allein mit seiner Wahrheit, die auch noch dem widersprach, was Winnicott für richtig gehalten hatte. Es fehlte ihm in diesem Moment der Wissende Zeuge. Mit der vollen Wahrheit, daß er *von Anfang an*, laut den späteren Aussagen der Mutter, also auch schon im Mutterleib, nicht gewollt gewesen war, konnte er nicht unbegleitet bleiben. Winnicott wollte ihm die Wahrheit ersparen, vielleicht aus Treue zu seinen Theorien oder weil er selber noch Hemmungen hatte, sich eine Mutter vorzustellen, die ihr Kind nicht lieben kann.

Dies kommt jedoch häufiger vor, als wir uns vorstellen können. Und daran sind nicht die Mütter schuld, sondern die Ignoranz der Gesellschaft. In einer aufgeklärten Geburtenklinik könnte zum Beispiel die Erstgebärende eine geeignete, wissende Begleitung finden, die ihr helfen könnte, ihre aufsteigenden körperlichen Erinnerungen wahrzunehmen und sich ihrer bewußt zu werden, so daß sie die Traumen ihrer Kindheit, wie Verlassenheit und Gewalt, nicht an ihr eigenes Kind weitergeben muß.

Woher nehme ich das Recht, Winnicotts Deutungen zu kritisieren? Ist es nicht verwegen über die Grenzen einer bestimmten Psychoanalyse zu sprechen, wenn man als Außenstehende viel weniger über die Einzelheiten weiß als die beiden Betroffenen, der Analytiker und der Analysand?

Ich meine, daß es nicht verwegen ist. Es ist nicht nur unser Recht, sondern auch unsere Pflicht, die Einschränkungen der alten Lehrer in Frage zu stellen, denen noch nicht die Informationen zur Verfügung standen, von denen wir heute profitieren können. Nach dem, was ich in den letzten vierzig Jahren über die Dynamik der Kindesmißhandlungen und ihre Verleugnung gelernt habe, würde ich behaupten, daß Winnicotts Deutungen nicht nur nachweislich der Wahrheit widersprachen, sondern daß sie seinen Analysanden in seiner Selbsttäuschung bestärkten und damit dessen Heilung geradezu verhinderten.

Wenn Guntrips Mutter die emotionale Möglichkeit gehabt hätte (sei es durch eine eigene gute Kindheit oder dank des Bewußtwerdens ihrer Leiden als Kind), ihr erstes Kind zu lieben, dann wäre in der Bindung mit ihm nach dessen Geburt eine tiefe innere Vertrautheit mit ihm entstanden. Dann wäre es ihr unmöglich gewesen, dieses Kind später in seiner gesamten Existenz zu negieren. Michel Odents Buch über das Hormon der Liebe erklärt diese Zusammenhänge sehr eindrucksvoll. Die Ablehnung des ersten Kindes ist einzig und allein die Folge der verdrängten, unbewußt gebliebenen Geschichte, die verhindern kann, daß dieses wichtige Hormon ausgeschüttet wird (AM 1998a).

Wenn diese Mutter auf Menschen trifft, die ihr helfen, bis zu ihrer Kindheit durchzustoßen und ihre Wahrheit zu ertragen, wird sie frei, ihr eigenes Kind zu lieben. Diese Erfahrung mache ich immer wieder mit den oben beschriebenen Gruppen. Die Liebesfähigkeit der Erstgebärenden kann sich durchaus entwickeln, wenn Menschen, die dafür ausgebildet sind, ihr beistehen können, Menschen, die über die Folgen der frühen Mißhandlungen Bescheid wissen. Um eine solche Ausbildung realisieren zu können, dürfen wir nicht länger unser heutiges Wissen mit Theorien und Idealisierungen verbrämen.

3. Die Heilkraft der Wahrheit

Ich erhalte immer wieder mal Briefe von älteren Menschen, denen die Aussagen meiner Bücher einleuchten, die für die darin enthaltenen Informationen dankbar sind, aber die Konsequenzen dieses Wissens kaum ertragen und sich mit Schuldgefühlen quälen. Vielen ist zwar bewußt, daß ihre Schuldgefühle in der eigenen Kindheit begründet liegen, wo sie für jedes Mißlingen gerügt und bestraft wurden, aber sie können sich als Eltern nicht von dem Schmerz befreien, daß sie ihrem Kind in entscheidenden Zeiten nicht das geben konnten, was es von ihnen gebraucht hätte, weil sie, durch ihre eigene Kindheit geprägt, dieser Aufgabe nicht gewachsen waren.

Kein Wunder, daß diese Erkenntnis Schmerzen bereitet, denen man sich nicht entziehen kann. Die Betroffenen sind meistens Frauen, die ihre ersten Kinder in den fünfziger und sechziger Jahren gebaren. Damals galt es noch als normal, Mütter von den Kindern zu trennen, und das Wissen über die Bedürfnisse des Neugeborenen und Säuglings war noch kaum verbreitet.

Wir alle kennen Mütter und Väter der älteren Generation, die bis zu ihrem Tod steif und fest behaupten, ihre Erziehungsmethoden seien richtig gewesen; richtig, weil sie genauso von ihren Eltern großgezogen wurden und sich in ihrer Überzeugung durch gar nichts erschüttern lassen wollen. Wir kennen auch alte Menschen, die ihre erwachsenen Kinder nach wie vor respektlos behandeln und Zuwendung von ihnen fordern, als hätten sie selbstverständlich das Recht auf Aufmerksamkeit, Respekt und Liebe, unabhängig davon, wie sie ihre Kinder früher behandelt haben. Gerade diese Menschen versuchen häufig, ihre inzwischen erwachsenen Kinder weiterhin mit all den ihnen zur Verfügung stehenden Mitteln zu beherrschen, um ihre Macht zu demonstrieren.

Diese Menschen lesen meine Bücher nicht, weil sie heute wie früher jeden auch nur geringfügigen Zweifel an ihrem Verhalten zurückweisen. Briefe erhalte ich hingegen von Leserinnen, die für Gespräche mit ihren erwachsenen Kindern offen sind und deren Vorwürfen über den Stil ihrer Erziehung empathisch begegnen möchten.

Es ist niemals leicht, sich Fehler einzugestehen. Ich denke, daß wir diese Fähigkeit wie viele andere in der Kindheit erwerben und später noch weiter entwickeln können. Wenn wir für Fehler nicht gescholten wurden, wenn man uns liebevoll erklärt hat, was an unserem Verhalten nicht angemessen oder gar gefährlich war, konnten wir spontan Reue empfinden und die Erfahrung integrieren, daß man als Mensch nicht fehlerlos sein kann. Wurden wir aber von den Eltern für das kleinste Vergehen bestraft, dann wurde uns das Wissen vermittelt, daß das Eingestehen des eigenen Versagens riskant sei, weil es uns die Liebe der Eltern entzieht. Diese Erfahrung kann permanente Schuldgefühle und Ängste hinterlassen.

Eine alte Frau, die heute von ihrer Tochter zu hören bekommt, daß sie diese durch ihre Schläge geschädigt habe, kann unterschiedlich auf diesen Vorwurf reagieren. Sie kann sagen: »Es tut mir sehr leid, ich wurde selber geschlagen und habe als Mutter gemeint, ich müsse es genauso machen. Ich bin dir dankbar, daß du mir jetzt sagst, wie du darunter gelitten hast. So kann ich dein Verhalten als Kind heute viel besser verstehen, weil du mir Dinge klarmachst, die ich damals nicht wußte. Ich bitte dich um Verzeihung, ich habe aus Ignoranz gehandelt.« Oder sie kann auch sagen: »Deine Freundin Annette wurde auch geschlagen und hatte später keine Probleme. Es hängt offenbar nicht so sehr davon ab, was die Eltern tun oder nicht. Vielleicht sind es die Gene.«

Im letzten Fall wird die Tochter vermutlich das Gespräch nicht fortsetzen wollen. Im ersten Fall dagegen kommt es sehr darauf an, wie sich die Tochter als Erwachsene entwickelt hat. Es kann sein, daß sie sich mit der Erklärung der Mutter zufriedengibt und eine neue vertrauensvolle Beziehung zu ihr aufbauen kann. Es mag aber auch sein, daß sie aus mehreren Gründen nicht dazu fähig ist und fortfährt, Vorwürfe an die Mutter zu richten, und ihr immer wieder erklären muß, wie sie früher unter ihrem Machtanspruch gelitten hat. Wenn sich das einspielt, hat die Mutter immer noch die Möglichkeit, sich diesen Vorhaltungen zu entziehen und zum Beispiel zu entgegnen: »Ich kann mir in meinem Alter deine Anklagen nicht immer wieder anhören, weil mir das zu weh tut. Heute bist du erwachsen und selber für dein Leben verantwortlich. Ich will nicht für alles beschuldigt werden, was du heute tust und entscheidest.« Diese Haltung kann aber meines Erachtens nur eine Mutter einnehmen, die in der Kindheit nicht extrem gezüchtigt wurde und trotz der gelegentlichen Schläge Fehler machen durfte.

Auf der anderen Seite gibt es Mütter, die früher von ihren Eltern für *jedes* Vergehen streng bestraft wurden und die sich heute ständig für alles selbst beschuldigen und beschuldigen lassen. Sie benehmen sich wie kleine Kinder, die immer brav sein wollen, um Liebe zu bekommen und nicht alleine zu sein.

Der Kardiologe Dean Ornish (vgl. S. 54), der die Bedeutung emotionaler Bindungen im Leben alter herzkranker Menschen hervorhebt, zeigt auf, daß diejenigen, die an ihrer Krankheit zugrunde gehen, unter Isolierung gelitten haben, und diejenigen, die die Familienbande aufrechterhalten konnten, bessere Überlebenschancen haben. Das leuchtet auf den ersten Blick ein. Doch wenn ich mir die Situation vieler Kranker anschaue, stelle ich fest, daß sie gelegentlich an Bindungen festhalten, die ihre Krankheit geradezu verursachen. Einigen gelingt es, sich von der Krankheit zu befreien, wenn sie das Glück haben, Wissenden Zeugen zu begegnen und mit ihnen ihre Wahrheit »auszugraben«. Daß dies in jedem Alter möglich ist, illustriert die folgende Geschichte. Sie wurde mir von einer Leserin nach dem Tod ihrer Freundin berichtet, die ich Katja nennen möchte.

Katja wurde als ältestes von drei Geschwistern in Nordfrankreich geboren. Ihre Mutter war sehr streng und rechthaberisch. Sie verlangte von ihr unter Einsatz des »Martinets«* unbedingte Unterwerfung und Leistungen, die weit über ihr Alter hinausreichten. Selbstverständlich mußte Katja die Beste in der Klasse sein, und wenn sie einmal eine Note heimbrachte, die nicht den Erwartungen der Mutter entsprach, wurde sie geschlagen. Trotz ihrer hohen Leistungen lebte sie in ständiger fortwährender Angst vor den Vorwürfen ihrer Mutter, die häufig an Migräne und anderen

---

* Ein Martinet ist ein Holzgriff mit schmalen Lederriemen von etwa dreißig Zentimetern Länge, eine Art Peitsche, die bis heute in Frankreich produziert wird. Offiziell für Tiere bestimmt, wird es, wie eine Fabrikbesitzerin in einem Fernsehinterview sagte, hauptsächlich von Eltern als Bestrafungsinstrument für ihre Kinder gekauft. Die Firma macht nach wie vor gute Umsätze.

Schmerzen litt und ihre älteste Tochter auch dafür verantwortlich machte. Katja versuchte ständig, die Mutter von den Schmerzen zu befreien.

Obwohl eine Hausangestellte vorhanden war, gehörte es zu Katjas Aufgaben, sich um ihre beiden Schwestern zu kümmern. Wenn diese nicht imstande waren, den Forderungen der Mutter zu genügen, dann wurde Katja dafür bestraft. Die Geschichte hört sich an wie das Märchen vom Aschenputtel. Doch ich habe in den letzten Jahren gelernt, daß es viele solche Konstellationen wie in diesem Märchen gibt.

Wie war es also möglich, daß Katja eine überdurchschnittliche Intelligenz entwickelte? Wie ist es ihr gelungen, die Ansprüche der Mutter so weit zu befriedigen, daß sie überleben konnte und später nicht kriminell wurde? Wer war der Helfende Zeuge im Leben Katjas? Der Vater? Es sieht nicht so aus. Der Vater hat das Kind sexuell mißbraucht, war ein schwacher Mann und starb an Lungenkrebs, als Katja zwölf Jahre alt war. Von da ab war sie total der unberechenbaren Mutter ausgesetzt. Wer war also der Helfende Zeuge?

Lange konnte Katja sich keines Erwachsenen entsinnen, bei dem sie etwas anderes als Disziplinierung und Grausamkeit erfahren hätte. Erst mit fünfzig begegnete sie einer ehemaligen Spielkameradin wieder, der Tochter der Nachbarin, die sagte: »Ich habe dich so geliebt und bewundert. Kannst du dich noch an euer Hausmädchen Nicole erinnern, die dich liebte und verwöhnte, wenn deine Mutter weg war? Wenn die Mutter da war, hatte Nicole Angst vor ihr.« Katja stellte verblüfft fest, daß sie keine Erinnerung an diese Hausangestellte hatte, und doch mußte sie im Leben von Katja eine wichtige Rolle gespielt haben, denn trotz der Mißhandlungen durch ihre Mutter ist Katja ein liebenswürdiger und starker Mensch geworden. Irgend jemand mußte sie in ihrer Kindheit unterstützt, in ihrem Wesen bejaht und gemocht haben.

Trotz ihrer beruflichen Leistungen stellte ihr Leben eine Reihe von Mißerfolgen dar. Sie liebte einen Mann, der sie betrog, und heiratete einen, den sie nicht liebte. Obwohl sie sich ein Kind gewünscht hatte, konnte sie ihren Sohn nicht so lieben, wie sie es ersehnte. Sie hat ihr Kind nie geschlagen, weil sie auf keinen Fall so sein wollte wie ihre Mutter, aber sie war auch nicht imstande, es vor der Grausamkeit seines Vaters zu schützen. Die Beziehung zu ihrem Kind war von Anfang an von ihren eigenen Erlebnissen geprägt. Sie wußte nicht, was ein Kind fühlt, weil sie selbst nicht merken durfte, wie sie als kleines Kind unter ihrer Mutter gelitten hatte. Sie kannte ihre eigenen Gefühle nicht, und so kannte sie auch die Gefühle ihres Sohnes nicht, der auf ihr Wissen angewiesen war. Von Anfang an empfand sie für ihr Kind vor allem Mitleid und war ihm gegenüber von heftigen Schuldgefühlen geplagt. Sie spürte, wie unglücklich es war, und fühlte sich hilflos.

So hat sich ihr eigenes Schicksal in der Beziehung zu ihrem Sohn wiederholt. Wie ihre Mutter gab sie sich große Mühe, alles richtig zu machen. Aber es fehlte ihr das Wissen, das aus der ersten guten Bindung eines Kindes entsteht. Ihr ganzes Leben, auch ihre Ehe und das Verhältnis zu ihrem Sohn, war von Selbstvorwürfen geprägt. Wie ihre Mutter sie für alles verantwortlich machte, was der Mutter, dem Vater und ihren Geschwistern an Unglück widerfuhr, gab sie sich ihr Leben lang die Schuld am Leiden ihres Mannes und ihres Sohnes. Ihr Ehemann hat es immer wieder verstanden, ihre Haltung auszubeuten. Er konnte ihr Gefühle zuschieben, die er von sich selber abgespalten hatte: Hilflosigkeit, Angst, Ohnmacht, und brauchte sie so nicht selbst zu durchleben.

Katja war wie ein Schwamm, der all diese Gefühle aufsaugte, ohne sich darüber Rechenschaft abzulegen, daß es nicht in ihrer Macht stand, die Empfindungen anderer zu verarbeiten. Das kann nur derjenige tun, der sie erlebt. Allein ihr Mann hätte die Möglichkeit gehabt, seine Emotionen zu verstehen und zu bewältigen. Aber sie wehrte sich nicht gegen diese Delegation, nahm sie als selbstverständlich hin, weil sie emotional das kleine Kind geblieben war, das sich für die Leiden seiner Eltern verantwortlich fühlt. Sie wollte lange nicht wahrhaben, daß sie einen Mann geheiratet hatte, der sehr viel Ähnlichkeit mit ihrer Mutter hatte: ohne das leiseste Interesse an Selbstreflexion und eigentlich beziehungslos. Sie hat mehr als zwanzig Jahre lang gehofft, mit Güte und Verständnis etwas verändern zu können, aber je freundlicher sie zu ihm war, um so aggressiver wurde er, weil er sie auch noch um ihr Entgegenkommen beneidete. Das alles hat sie erst viel später herausgefunden. Nach fünfundzwanzig Jahren Werben um den Mann setzten starke Blutungen ein, der Uterus wurde entfernt, und sie nahm schließlich psychotherapeutische Hilfe in Anspruch.

Auch da merkte sie noch nicht, daß es für sie als erwachsene Frau Auswege gab, daß sie sich von ihrem Mann hätte trennen können. Statt dessen versuchte sie, mit ihm zu leben, ohne seine Wutausbrüche zu provozieren. Sie kam zu einer Psychoanalytikerin mit der Frage, wie sie sich verhalten solle, um mit ihrem Mann in Frieden leben zu können; sie bringe ihn ständig in Rage. Etwas an ihr sei offenbar nicht gut. Die Psychoanalytikerin antwortete, sie könne ihr nicht helfen, so zu werden, wie sie es sich wünschte, um ihren

Mann friedlich zu stimmen. Sie könne ihr nur helfen, die Frau zu sein, die sie ist, und den Mut zu finden, mit der Wahrheit zu leben.

Katja fühlte sich verstanden, aber gleichzeitig fürchtete sie die Trennung von ihrem Mann. Ihre Schuldgefühle hinderten sie daran, sich zu befreien.

Weshalb konnte die Therapeutin ihr nicht begreiflich machen, daß das Verhalten ihres Mannes in seiner Kindheit und in seinem Mutterhaß wurzelte? Als Erwachsene hätte Katja das wohl verstanden, aber in ihr lebte immer noch das Kind, das die Schuld für die Launen und Mißerfolge seiner Umgebung zugeschoben bekam. Und nun war sie fast unfähig, ihre Chance wahrzunehmen. Sie wollte sich von ihrem Mann trennen, um ihr Leben zu retten, weil ihr Körper ihr diese Notwendigkeit unmißverständlich signalisierte. Trotzdem konnte sie diesen Schritt nicht vollziehen. Das Kind in ihr hatte panische Ängste, die ihr Mann mit seinen Drohungen, er würde sich das Leben nehmen, wenn sie ihn verließe oder auch nur von Scheidung spräche, noch verstärkte. Doch dank der entschiedenen Unterstützung der Therapeutin kam die Trennung schließlich zustande.

Nun lebte Katja alleine, atmete auf, fand neue Freunde und einen neuen Beruf, der ihr Freude bereitete. Auf der erwachsenen Ebene war sie ihrem Elend entkommen, aber die Schatten der Kindheit haben sie in ihrer Beziehung zu ihrem Sohn wieder eingeholt. Der Sohn litt unter der Scheidung, konnte aber wie sein Vater seine wahren Gefühle nicht zeigen. Da er ein vom Vater geschlagenes und gedemütigtes Kind war und von der Mutter von Anfang an nicht verstanden wurde, entwickelte er sich zu einem mißtrauischen Menschen. Er konnte nicht glauben, daß man ihn, so wie er war, wirklich mochte, wollte immer größer und mächtiger sein als die anderen. Den Vater seiner Kindheit hatte er als einen erbarmungslosen Richter erlebt, und nun spielte er diese Rolle der Mutter gegenüber, indem er sie für alles beschuldigte, womit er im Leben nicht fertig wurde. Dafür war Katja wie geschaffen, sie war ja auf die Rolle des Sündenbocks programmiert.

Sie hegte lange die Hoffnung, sich eines Tages mit ihrem Sohn auszusprechen, von ihm zu hören, worunter er gelitten hatte, ihn zu verstehen, selber ihre Gefühle äußern zu können und eine gemeinsame Basis zu finden. Diese Hoffnung lebte in ihr jahrzehntelang und war unzerstörbar, obwohl alle Fakten darauf hindeuteten, daß sie unerfüllbar war. Ihr Sohn wich jedem Gespräch aus, ohne der Mutter einen Grund dafür zu nennen. Sie versuchte, seine Haltung zu verstehen, konnte nicht aufhören, sich um ihn zu bemühen, ignorierte geflissentlich die Schmerzen, die ihr seine beständige Ablehnung bereitete, und erklärte sich seine emotionale Unerreichbarkeit mit der Tatsache, daß sie ihm, als er ein kleines Kind war, nicht die unbedingte Liebe gegeben hatte, der er so dringend bedurft hätte. So empfand sie immer wieder Mitgefühl für ihn, aber gleichzeitig verlor sie den Zugang zu ihren eigenen Gefühlen. Manchmal weinte sie bitterlich, wenn sie sich den Haß, den sie bei ihm zu spüren meinte, nicht länger vor sich verbergen konnte. Ihre Bedürftigkeit drängte sie zu Illusionen, aber der Schmerz konfrontierte sie mit der Wahrheit. Einmal fragte sie ihren Sohn: »Warum haßt du mich eigentlich?« Er reagierte empört, meinte, sie verwechsele ihn mit seinem Vater und sehe nicht, wie er wirklich sei. Das hielt Katja für wahrscheinlich, und sie nahm es sich übel, daß sie die früheren Erlebnisse mit ihrem

Mann nun auf ihren Sohn projizierte. Sie wagte nicht, sich einzugestehen, daß sie wirklich nicht wußte, wie er war. So fuhr sie fort, ihre eigenen Gefühle zu verleugnen und sich an ihre Selbsttäuschungen zu klammern.

Wie sie es als Kind bei ihrer Mutter gelernt hatte, zwang sich auch die erwachsene Katja täglich, das zu glauben, was ihr gesagt wurde, und nicht zu sehen, was sie sah. Sie litt sehr unter diesem Zwang, konnte sich aber nicht von ihm befreien und suchte verzweifelt nach einer Lösung, immer noch, ohne den Ursprung in ihrer eigenen Mutterbeziehung wahrzunehmen. Sie meinte akzeptieren zu können, daß ihr Sohn keine tiefere Kommunikation mit ihr wünschte. Aber damit betrog sie sich selber. Ihre Sehnsucht nach Verständnis war stärker als ihr guter Wille.

Ihrem Körper gelang es, sie mit Hilfe einer erneuten schweren Erkrankung wachzurütteln. Da erst wurde es ihr klar, daß sie sich mit ihrer unterwürfigen Haltung ihrem Sohn gegenüber zugrunde richtete. Wie schon fünfundzwanzig Jahre zuvor mußte sie einsehen, daß all ihre Versuche, ihren Sohn zu verstehen, vergeblich waren, solange er sich ihr gegenüber nicht öffnen wollte; daß auch ihr Wunsch, seine Vorwürfe empathisch nachzuvollziehen, unerfüllbar war, solange er ihr kein Vertrauen entgegenbrachte. Und er konnte sich nicht öffnen, weil dieses Vertrauen in seiner ersten Lebenszeit nicht aufgebaut worden war.

Katjas nie erfüllter Wunsch nach einem seelischen und geistigen Austausch mit den Eltern, Geschwistern und Schulkameradinnen hat so lange in Form von Illusionen überlebt und war jetzt so stark auf ihren Sohn gerichtet, daß sie unfähig war zu sehen, wie sehr er ihren Wunsch ablehnte, ja auch vielleicht zu Recht fürchtete. Seine Angst zu respektieren gelang ihr ebenfalls nicht. Sie wollte unbedingt ihre Schuld als Mutter abtragen. Wenn es nicht anders ging, dann eben mit ihrem Leiden.

Was war das für eine Schuld? Daß sie als Mutter ihrem Kind nicht so beistehen konnte, wie es das gebraucht hätte, daß sie sich vom Klinikpersonal einschüchtern ließ, daß sie ihr Kind manchmal anderen überließ, weil sie glaubte, daß diese es besser verstünden? Ist es denn nicht verständlich, meinten die Freunde, daß man nicht etwas geben kann, was man selbst nie bekommen hat? War sie denn so perfektionistisch, daß sie sich ihre Fehler noch nach fünfzig Jahren nicht verzeihen konnte? Ja, so sah es aus. Aber weshalb war sie so perfektionistisch geworden, weshalb konnte sie sich die Fehler nicht verzeihen? Es lag doch an ihr, dieses Spiel zu beenden. Weshalb brachte sie es nicht fertig?

Um sich diese Fragen ernsthaft stellen zu können, mußte sie sich mit ihrer frühesten Kindheit konfrontieren, als ihre Mutter sie mit Schlägen dazu brachte, brav zu sein, sich für jeden Fehler zu schämen und schuldig zu fühlen. Die früh gelernten Lektionen blieben das ganze Leben lang wirksam. Katjas Bereitschaft zu Schuldgefühlen war fast grenzenlos.

In den Schriften vieler Pädagogen wird geraten, Kinder von den ersten Tagen an mit körperlichen Ermahnungen zum Gehorsam zu erziehen; diese Maßnahmen seien um so wirksamer, je früher sie angewandt werden. Katjas Leben bestätigt diese Behauptung vollauf.

Sie war zwar imstande, ihre Kreativität zu entwickeln und Beziehungen zu Menschen zu knüpfen. Sie konnte auch in ihrer Arbeit als Berufsberaterin anderen Menschen helfen. Doch sie war ihr Leben lang nicht fähig, die Schuldgefühle loszuwerden, die ihre Mutter so früh in ihre Seele gesät hatte.

Der Samen wuchs zu riesigen Pflanzen, die Katja die Sicht auf ganz offensichtliche Fakten verstellten.

Mit über siebzig Jahren eine solche Haltung aufzugeben ist ein sehr schwieriges Unterfangen. Aber es ist auch nicht unmöglich. Schließlich gelang es Katja, die Konsequenzen aus ihren Einsichten zu ziehen und die Illusionen aufzugeben. Nun folgten ein unaufhörlicher innerer Kampf und eine schmerzliche Trauerarbeit, doch ihr Körper zeigte ihr deutlich, daß diese Arbeit längst überfällig war und ihre Rettung bedeutete.

Katja hatte sich während ihres ganzen Lebens von altbewährten Richtlinien leiten lassen. Sie hatte Gesetze akzeptiert, die ihr Verhalten mitbestimmten. In erster Linie waren dies die Gebote der katholischen Kirche, mit denen sie aufgewachsen war. Nun mußte sie die Moral ihrer Eltern ernsthaft in Frage stellen. Sie besuchte Bibliotheken und forschte nach Schriften von Theologen, die sich eindeutig gegen das Schlagen, Demütigen, Mißachten und Manipulieren der Kinder ausgesprochen hatten. Außer Johannes Amos Comenius, der ein Protestant war, fand sie keinen einzigen, der eine solche Meinung vertreten hätte. Nirgends wurde das Leiden der Kinder registriert. Und in der psychologischen Literatur, die sie in zunehmendem Maße las, wurde betont, daß man nur mit positiven Gefühlen und Gedanken gesund werden könne, weil negative Emotionen wie Zorn und Wut den Körper vergifteten.

Doch all das half nicht und konnte nicht helfen. Daß Gefühle wie Wut und Haß dem Körper stark zusetzen können, ist wahr, aber solange ihre Ursachen unbekannt bleiben oder ignoriert werden, gibt es kein Mittel, um sie loszuwerden. Die Haßgefühle, die als Reaktion auf die totale Ohnmacht des kleinen Mädchens entstanden, das mit allen Mitteln versucht, mit den Eltern zu kommunizieren, und ständig an der Mauer der Verweigerung abprallt, sind nur zu begreiflich. Solange Katja darauf bestand, alle Vorwürfe ihres Sohnes als berechtigt anzusehen und sich für seine Entbehrungen in der Kindheit immer noch beschuldigte, fühlte sie sich wie in einer Falle, aus der es kein Entrinnen gab.

Als Katja ihre kindlichen Hoffnungen aufgeben konnte, verschwand auch ihr Haß, weil sie sich die Freiheit gönnte, endlich die Fakten der gegenwärtigen und der früheren Realität zu akzeptieren. Sie brauchte sich nicht länger zu zwingen, an Dinge zu glauben, die ihr nicht einleuchteten, die Sichtweise des anderen zu übernehmen und sich mit fremden Gefühlen zu belasten, die sie nicht verarbeiten konnte. Sie mußte sich nicht mehr zwingen, Fakten zu übersehen und ihre Wahrnehmungen zu verleugnen, denn nun durfte sie die Gedanken haben, die in ihr hochstiegen, und durfte die Gefühle empfinden, die ihrer Situation entsprachen.

Es sind diese Veränderungen, die dazu führen, daß der Haß überwunden wird. Er bleibt nur so lange bestehen, wie man sich in einer Falle fühlt, das heißt in der Situation des Kindes, das keine Wahl hat, in der Ausweglosigkeit verharren muß, um zu überleben. Sobald sich dem Erwachsenen eine Alternative anbietet, ein Ausweg aus der Falle, verschwindet der Haß von selber. Moral, Verzeihung und das Einüben positiver Gefühle zu predigen ist dann vollkommen unnötig.

Ich komme häufig auf diesen Punkt zurück, weil ich in der psychologischen Literatur immer wieder derartige Empfehlungen finde. Mit Hilfe von Entspannungsübungen und Meditation positive Gefühle in sich wecken zu können, halte ich für illusorisch. Doch immer wieder lese ich solche Ratschläge, gekoppelt mit der Versicherung, daß man frei von Symptomen werde, wenn man den Eltern verziehen und die negativen Gefühle durch positive ersetzt habe.

Ich kenne niemanden, dem dies langfristig gelungen wäre, doch all die Autoren, die in ihren Büchern nicht müde werden, Verzeihen als Therapie zu empfehlen, behaupten dies beharrlich. Wenn diese Handlungsanweisungen tatsächlich helfen sollten, um so besser. Katja halfen sie nicht. In ihrer Geschichte fand ich meine mit zahlreichen Patients gemachte Erfahrung bestätigt, daß sich Gefühle langfristig nicht manipulieren lassen. Die Gefühle können sich zwar dem Bewußtsein entziehen, wenn man sie unterdrückt, aber sie machen sich häufig in somatischen Störungen bemerkbar, die ihren Inhalt und ihre Intensität so stark verbergen, daß es viel schwieriger ist, mit ihnen umzugehen, als wenn man sie gleich ins Bewußtsein gelassen hätte.

Wenn uns etwas Angst macht und wir uns mit einem guten Essen ablenken wollen, um die Angst zu vergessen, kann unser Körper unter Umständen die aufgenommene Nahrung nicht verdauen. Dann bereitet das Essen keinen Genuß, sondern wird als Ballast empfunden, von dem sich der Körper befreit, zum Beispiel in Form von Durchfall oder Erbrechen. Die ursprüngliche Angst wird damit nicht beseitigt, die Gründe werden nur noch mehr verschleiert. Je nach dem Allgemeinbefinden kann dieser Vorgang sehr geringe oder auch gewichtige somatische Spuren hinterlassen.

Als Katja schwer erkrankte, erwachte in ihr die Rebellin, und sie konnte sich sagen: Auch der größte Verbrecher darf aufhören, sich zu beschuldigen, wenn er seine Missetaten gebüßt hat. Und sie war kein Schwerverbrecher, sie war eine Mutter wie so viele zu jener Zeit, die nicht gelernt hatte, wie man ein Neugeborenes aufnimmt, und die in ihrem Körper keine positiven Botschaften von ihrer Mutter hatte speichern können.

Sie hat ihren Sohn mehrfach für ihr Versagen um Verzeihung gebeten, ihre Fehler bereut, und nun mußte sie sich von den Schuldgefühlen lossagen, die ihr Leben vergifteten, aber auch die Beziehung zu ihrem Sohn. Sie mußte schließlich akzeptieren, daß Vergangenes nicht nachzuholen ist und daß es ihr nicht gelungen war, das Vertrauen ihres Sohnes durch Leistungen zu gewinnen, genauso wie es ihm beim besten Willen nicht gelungen ist, seiner Mutter zu vertrauen. Ihre Vergangenheit wiedergutzumachen lag außerhalb seiner Möglichkeiten. Seine Art, sich zu verweigern und die Kommunikation abzulehnen, war vielleicht die einzige Möglichkeit, sein eigenes Leben aufzubauen und an den Projektionen seiner Mutter nicht zu erkranken.

Der Bericht von Katjas Freundin enthält keine nähere Darstellung des Sohnes. Ich bin hier auf die Informationen angewiesen, die sie selbst von ihr erhalten hat und die natürlich von der Erlebnisperspektive der Mutter geprägt sind. Ich gehe davon aus, daß er sich von seiner Mutter lösen konnte, als sie aufhörte, in ihm den Vater- oder Mutterersatz zu suchen, als sie sich der vollen Realität ihrer Kindheitssituation stellen konnte.

Damals gab es niemanden, der ihre Not verstanden hätte. Die kleinen Geschwister brauchten sie als Mutter. Später, im Internat, fand sie zwar eine Schulkameradin, die ihr wohlgesonnen war, aber da war Katja durch die Erfahrungen mit ihrer Mutter schon so mißtrauisch und verschlossen geworden, daß sie diese Chance nicht mehr nutzen konnte. Als Erwachsene sehnte sie sich nach Nähe, wählte aber immer wieder Partner, die diesen Wunsch nicht erfüllen konnten, die selber die Nähe fürchteten. Und nun, bei ihrem erwachsenen Sohn, glaubte sie das Recht darauf zu haben, endlich Offenheit zu fordern. Es ist möglich, daß ihr Sohn schon als kleines Kind diese Anspruchshaltung spürte, ohne sie benennen zu können, daß er unter ihr litt und sich schließlich der emotionalen Macht dieses Appells entzog. Er ahnte wohl, daß in seiner Mutter ein bedürftiges Kind wohnt, mit dem er nichts anfangen konnte.

Katja hat sich letztlich damit abgefunden, daß die Tragik ihrer Kindheit sie der Möglichkeit beraubte, eine bessere Mutter zu werden. Nachdem sie ihr Schicksal zu akzeptieren lernte, genoß sie das Ende ihres Lebens in Frieden, die guten Beziehungen zu ihren Freunden, war mit sich selbst versöhnt und ohne solche Ziele, die sie nun als unrealistisch erkennen konnte.

Meine Darstellung ihrer Geschichte beruht auf Fakten, die mir Katjas Freundin mitgeteilt hat und die zeigen, wie ein erwachsener Mensch durch die Entbehrungen in der Kindheit dazu verleitet werden kann, seine tiefsten Bedürfnisse nur beim eigenen Kind befriedigen zu wollen.

Als Katja dank ihrer Therapie verstanden hatte, wie sehr ihre Beziehung zu ihrem Sohn durch die Schatten ihrer Kindheit belastet war, stiegen in ihr immer deutlichere Erinnerungen an ihre Mutter hoch und an deren Art, sich der Beziehung mit ihrem ersten Kind zu verweigern. Nun konnte Katja ihre eigenen kindlichen Bedürfnisse spüren und sie in Tagebuchnotizen ausdrücken. Einen Auszug schickte mir die Freundin nach ihrem Tod. Katja schrieb:

»Ich hätte als euer Kind auf eure Liebe und Zuwendung Anspruch gehabt, mußte aber diese Rechte aufgeben. Das Kind konnte nirgends hingehen und sagen: Ich habe Hunger, gebt mir zu essen, ich verstehe die Welt nicht, erklärt sie mir, ich habe Angst, steht mir bei, ich habe Kummer, tröstet mich, ich bin hilflos, helft mir, ich fühle mich ausgenutzt, verteidigt mich, ich zerbreche, ich bin so klein unter der Überforderung, nehmt mir die Lasten ab. Ich brauche jemanden, der meine Not sieht, schaut sie euch an, schaut mich doch endlich an. Das alles kann ich jetzt erst verstehen, aber als Kind habe ich diese Bedürfnisse nicht gefühlt. Ich habe nur ununterbrochen versucht, euch mit Leistungen zu gefallen, und so habe ich mein Leben lang weitergemacht. Jetzt brauche ich niemandem zu gefallen, nur noch mir selbst treu zu sein. Ich will mein Schicksal verstehen und es annehmen, um nicht länger meinen Sohn damit zu belasten. Und nun sind da plötzlich Menschen, die mich verstehen. Ich muß gar nicht darum kämpfen. Sie sind da. Sie waren vielleicht immer da, aber ich war noch nicht frei, sie zu sehen.«

Zu diesen Notizen vermerkte die Freundin:

»Ich wollte Sie mit Katjas Schicksal konfrontieren, weil ich zunächst meinte, daß sie eine Ausnahme darstellt und irgendwie im Widerspruch steht zu dem, was Sie in Ihren Büchern dargestellt haben und was ich für richtig halte. Ich konnte diesen Fall nicht einordnen, weil mir hier das Gegenteil so deutlich zum Ausdruck zu kommen schien, das Leiden einer bemühten Mutter an ihrem erwachsenen Sohn und nicht, wie Sie es in allen anderen Fällen zeigen, das Leiden der Kinder an ihren Eltern. Aber als ich Katjas Therapienotizen nach ihrem Tode las, habe ich verstanden, daß der Ursprung dieser Mutter-Sohn-Tragödie viel weiter zurücklag. Die Spuren von Katjas unglücklicher Kindheit wirkten vermutlich schon sehr stark, bevor ihr Sohn geboren wurde, und verfolgten sie ihr Leben lang. So gesehen, hatte er nicht viel Chancen, seine eigenen Anlagen in ihrer Nähe zu entwickeln. Er brauchte den emotionalen Rückzug von ihr. So tragisch sich das anhört: Es war für ihn vermutlich die einzige Möglichkeit, sein Leben vor den unerfüllbaren emotionalen Erwartungen seiner Mutter zu retten.

Das soll kein Vorwurf an Katja sein, die ich sehr geliebt habe und die mir in ihrem Bemühen, echt zu sein, ein Vorbild war. Doch erst jetzt, nach ihrem Tode, sehe ich, daß sie in all ihren Bemühungen, ihr Kind zu verstehen und ihm gerecht zu werden und gleichzeitig sich selbst treu zu bleiben, an ihrer eigenen Kindheitsgeschichte gescheitert ist. Was auch immer sie versuchte, das Schicksal gab ihr keine Chance, mit dem ihr nächsten Menschen offen und vertrauensvoll zu leben, weil ihr Vorbilder fehlten, weil alle Menschen in ihrer Ursprungsfamilie für die Art von Kommunikation, die sie suchte, nicht zugänglich waren. Indem sie später ihre Erwartungen auf ihren Sohn projizierte, trug sie – zwar ungewollt und unbewußt, aber aktiv – dazu bei, daß auch in dieser Beziehung der tragische Mangel an Wärme und Nähe entstand, unter dem sie als Kind so gelitten hatte.

Früher dachte ich, so ist halt das Leben, man kann sich das Schicksal nicht auswählen. Doch heute denke ich, wenn man sich seinen Anlagen entsprechend entwickeln darf und nicht ständig nur dem Willen der Eltern folgen muß, dann sucht man keinen Partner aus, bei dem man sich nicht frei äußern darf. Wir kommen nicht um die Erkenntnis herum, daß ein Verhalten, das wir noch vor Jahren als irrational betrachteten, uns heute als eine logische Konsequenz realer Vorgänge erscheinen kann, die allerdings meistens verborgen bleiben.

Ich bin froh, daß Katja mir ihre Notizen hinterlassen hat und ich dadurch vieles auch in meinem Leben verstanden habe.«

Epilog

Frank McCourt schildert in *Die Asche meiner Mutter* sehr eindrucksvoll die Gefahr, die ein Kind noch in den sechziger Jahren lief, wenn es die Erwachsenen mit seinen Fragen verunsicherte. Immer wieder mußte es erleben, daß sie selber keine Antworten auf seine Fragen wußten, dies aber nicht zugeben konnten. Sie sprachen dann allzugern von einem Mysterium und sagten: »Wenn du groß bist, wirst du das verstehen, jetzt geh spielen«, oder sie entgegneten unwirsch wie bei McCourt: »Halt den Mund, wenn du was zu sagen hast.«

Das hat sich inzwischen merklich geändert. Selbständig zu denken und wissen zu wollen ist heute nicht mehr gefährlich. Wir sind nicht mehr allein damit. Einem Kind von heute kann man nicht mehr sagen »Geh spielen«, wenn es Fragen stellt. Es hat Zugang zu Informationen, ein großes Kind kann sie sich mit Hilfe des Computers selber verschaffen. Das Wissen verleiht ihm eine Unabhängigkeit von den Eltern, die es früher so nie gegeben hat.

Als ich noch Kind war, mußte ich lernen, Menschen, von denen ich lediglich Ausflüchte erwartete, keine Fragen mehr zu stellen. Später habe ich versucht, mir die Fragen selber zu beantworten, und dabei das oberste Gebot unserer Erziehung entdeckt: »Du sollst nicht merken, was dir angetan wurde und was du selber den anderen antust.« In dem Moment habe ich begriffen, daß dieses Gebot uns seit Jahrtausenden daran hindert, das Böse vom Guten zu unterscheiden, das

Leiden, das uns in der Kindheit zugefügt wurde, zu erkennen und unseren Kindern zu ersparen. Ich habe daher in all meinen Büchern darauf hingewiesen, daß die Ursachen und die Folgen der Kindesmißhandlung identisch sind: Die Verleugnung der einst erfahrenen Verletzungen führt dazu, daß man die nächste Generation auf die gleiche Weise schädigt. Es sei denn, man entschließt sich, das Wissen zuzulassen.

Auch wenn sich diese Einsicht im allgemeinen Bewußtsein noch nicht durchgesetzt hat, wird die Öffentlichkeit früher oder später erkennen, daß wir unsere Töchter und Söhne schädigen und nicht lieben, wenn wir sie schlagen, und daß wir kein Recht mehr haben, die Verantwortung für unser Tun an den Apostel Paulus zu delegieren. Wir schaffen nämlich selber das Böse, das wir den Kindern austreiben wollen.

Denn die Züchtigung erzeugt Angst, sie versetzt das Kind oft in einen Stupor, einen Zustand der Erstarrung, in dem keine ruhige Überlegung mehr möglich ist, weil der Schrecken das ganze Bewußtsein ausfüllt. Viele Menschen, die in der Tradition der Schwarzen Pädagogik aufgewachsen sind, scheinen ihr Leben lang in diesem Stupor zu verharren, in der permanenten Furcht vor neuen Schlägen. Wie ich es am Beispiel von Stalin aufzeigte, haben neue Erfahrungen und Informationen keinen Einfluß auf diese sehr früh im Körper gespeicherten Ängste und die darauffolgenden Denkblockaden. Die erhaltenen Schläge hindern diesen Menschen unter Umständen daran, wirklich erwachsen zu werden und Verantwortung für seine Worte und Taten zu übernehmen. Daher bleibt er häufig sein Leben lang emotional unterentwickelt, er bleibt das gefolterte Kind, das das Böse nicht wirklich orten, geschweige denn bekämpfen kann.

Wie Frank McCourt sagen heute viele Menschen: »Meine Kindheit war schlimm, aber es gab auch nette Momente, und die Hauptsache ist, ich habe alles überlebt und kann darüber schreiben. So ist halt die Welt.« Ich nenne eine solche Haltung fatalistisch und meine, wir können uns auch gegen solche Kindheiten auflehnen und dazu beitragen, daß sie in Zukunft nicht mehr oder zumindest nicht mehr in diesem Ausmaß möglich sind.

Ein arbeitsloser Vater, der wie McCourts Vater regelmäßig sein Stempelgeld vertrinkt, ist für sein Kind ein unabwendbares Schicksal, denn es hat oft keine andere Möglichkeit, als sich mit derartigen Realitäten abzufinden. Auch wenn das Kind fühlt, daß es von seinen Eltern nicht wirklich wahrgenommen und als Sündenbock benutzt wird, kann sein Verstand das noch nicht erfassen. Auch wenn der kindliche Körper den Mangel an echter Zuwendung registriert, kann das Kind das alles nicht einordnen. Es flieht in das Mitleid mit seinen Eltern, und das Gefühl der Liebe hilft ihm, seine Würde trotz allem zu erhalten.

Doch da das Kind einst die Grausamkeit der mangelnden Verantwortung und Gleichgültigkeit seiner Eltern übersehen mußte, ist es später in Gefahr, diese Haltung blind zu übernehmen und in der fatalistischen Ideologie steckenzubleiben, die das Böse als naturgegeben deklariert.

Noch als Erwachsener behält es so die Perspektive des machtlosen Kindes, das keine Wahl hat, als sich mit dem Schicksal abzufinden. Es weiß nicht, daß es heute die Ursachen des Bösen erfassen und sie mit der Zeit bekämpfen oder gar vollends beseitigen kann. Es weiß nicht, daß es paradoxerweise erst aus der Haltung des Kindes herauswachsen kann, wenn es die Angst vor der Strafe Gottes (der eigenen

Eltern) verliert und bereit ist, sich über die zerstörerischen Folgen verleugneter Kindheitstraumen zu informieren. Doch falls der Erwachsene dies entdeckt, kann er die einst verlorene Sensibilität für das Leiden des Kindes wiedergewinnen und sich von der emotionalen Blindheit befreien.

Die Gestalt Jesu widerlegt alle Prinzipien der Schwarzen Pädagogik, die die Kirche immer noch befürwortet: Erziehung zum Gehorsam und zur emotionalen Blindheit durch Strafen. Lange vor seiner Geburt empfing er durch seine Eltern höchste Ehrerbietung, Liebe und Schutz, und in dieser ersten, grundlegenden Erfahrung wurzelten seine reiche Gefühlswelt, sein Denken und seine Ethik. Seine irdischen Eltern betrachteten sich als seine Diener, es fiel ihnen niemals ein, ihn zu züchtigen. Ist er deshalb egoistisch, arrogant, habgierig, herrisch oder eitel geworden? Nein, ganz im Gegenteil. Er ist zu einem starken, bewußten, einfühlsamen und weisen Menschen herangewachsen, konnte intensive Gefühle erleben, ohne ihnen ausgeliefert zu sein; er war fähig, Verlogenheit und Lügen zu durchschauen, und hatte den Mut, sie aufzuzeigen.

Dennoch hat meines Wissens bis heute kein Vertreter der Kirche den offensichtlichen Zusammenhang zwischen seiner Erziehung und seinem Charakter gesehen. Dabei wäre es naheliegend, die Gläubigen zu ermutigen, dem Beispiel Marias und Josefs zu folgen und ihre Kinder nicht wie ihr Eigentum zu behandeln, sondern als Kinder Gottes zu betrachten. In gewissem Sinn sind sie es ja auch.

Das Gottesbild eines *geliebten* Kindes spiegelt seine ersten guten Erfahrungen. Sein Gott wird verstehen, ermutigen, erklären, Wissen vermitteln und für Fehler des Kindes Toleranz aufbringen. Er wird niemals dessen Neugierde bestrafen, dessen Kreativität erdrosseln, es verführen, unverständliche Befehle erteilen und Angst erzeugen.

Jesus, der einen solchen irdischen Vater in Josef hatte, hat genau dieses Ethos gepredigt. Doch die Männer der Kirche, denen diese Kindheitserfahrung fehlte, konnten diese Werte nur als leere Worte übernehmen. Viele handelten, wie das die Kreuzzüge und die Inquisition extrem deutlich machen, ihren eigenen Kindheitserfahrungen entsprechend: vernichtend, intolerant und im tiefsten Sinne böse.

Auch derjenige, der sich für das Gute einsetzen will, verteidigt nur allzuoft das System, in dem er aufgewachsen ist, hält die Schläge immer noch für angemessen und notwendig. Die Tatsache, daß sich im Laufe der Geschichte kein einziger Theologe, mit Ausnahme von Comenius, gegen das Prügeln der Kinder ausgesprochen hat, zeigt, daß diese Praxis durchgängig zur Erfahrung von Kindheit gehörte. Daher ist das Wesen Jesu so einzigartig und seine Botschaft, zweitausend Jahre später, im Grunde immer noch nicht zur Kirche durchgedrungen.

Der Abgrund zwischen den beiden entgegengesetzten Wertsystemen wird sich mit der Zeit vermindern, weil die Menschen der zukünftigen Generationen eher den Mut haben werden, das Böse zu benennen. In einzelnen Fällen geschieht das bereits. Die Bundesjustizministerin Herta Däubler-Gmelin etwa sagte im Februar 2000 anläßlich einer Tagung: »Der alte Satz ›Wer sein Kind liebt, züchtigt es‹ ist gefährlicher Unsinn. Gewalt wird in der Familie gelernt und später weitergegeben. Wir müssen diesen Teufelskreis durchbrechen.«

Es ist naheliegend: Wer diesen verheerenden Satz heute noch bejaht, war zweifellos selber ein Kind der Schwarzen Pädagogik. Es ist höchste Zeit, die destruktiven Prinzipien aufzugeben und ganz besonders der Maxime »Gehorsam« zu mißtrauen. Wir brauchen keine gefügigen Kinder, die später auf Befehl von Terroristen und schwachsinnigen Ideologen töten werden. Von klein auf respektierte Kinder werden mit offenen Ohren und Augen durch die Welt gehen und gegen Unrecht, Dummheit und Ignoranz mit Worten und konstruktivem Handeln protestieren können. Jesus hat dies bereits mit zwölf Jahren getan, er konnte auch, falls nötig, seinen Eltern den Gehorsam verweigern, ohne sie zu verletzen, wie die Szene im Tempel beweist (Lukas 2,41-52).

Wir können selbst bei bestem Willen nicht so werden wie Jesus, dazu müßten wir eine ganz andere Vorgeschichte als die unsere haben. Niemand von uns ist von seiner Mutter als Gotteskind getragen worden, allzu viele stellten für ihre Eltern vielmehr nur eine Last dar. Aber wir können, wenn wir es denn wirklich wollen, von den Eltern Jesu lernen. Sie forderten nicht Willfährigkeit ein und setzten nicht Gewalt gegen ihn ein. Wir bedürfen nur dann der Macht, wenn wir die Wahrheit unserer Geschichte fürchten, und klammern uns an sie, wenn wir uns zu schwach fühlen, um uns selber und unseren wahren Gefühlen treu zu bleiben. Doch gerade die Ehrlichkeit unseren Kindern gegenüber macht uns stark. Um die Wahrheit zu sagen, brauchen wir keine Macht. Wir benötigen diese nur, um Lügen und scheinheilige Worte zu verbreiten.

Wenn die Aufklärung von gut informierten Experten (wie zum Beispiel Frédérick Leboyer, Michel Odent, Bessel van der Kolk und zahlreichen anderen) viele Eltern erreicht und wenn diese Eltern durch religiöse Autoritäten darin unterstützt sein werden, dem Vorbild von Maria und Josef zu folgen, wird die Welt unserer Kinder sicherlich friedlicher, ehrlicher und weniger irrational sein, als sie es heute ist.

Das Gebot »Du sollst den Unterschied zwischen Gut und Böse nicht kennen« ging den Zehn Geboten voraus. Laut jüdisch-christlicher Tradition steht es am Anfang der Menschheitsgeschichte. Gleichwohl ist es nicht aufbauend, sondern zerstörerisch. Diese Tatsache aufzuzeigen war das Ziel dieses Buches. Wir stehen heute zwischen dem jahrtausendealten Gebot des Nichtwissens und der Fülle an Informationen über die destruktive Wirkung der emotionalen Blindheit, des Mangels an Sensibilität für das Leiden des Kindes. Wir können diese Informationen gebrauchen, um unseren Kindern und Kindeskindern das unnötige Leid und das Böse zu ersparen, mit dem unsere Ahnen aufgewachsen sind. Meines Erachtens sind wir dies den kommenden Generationen schuldig.

Wir wissen, daß es heutzutage immerhin schon Mütter und Väter gibt, die ohne Strafen auskommen, und wir wissen, wieviel Gutes Kinder entwickeln können, die vor ihren Eltern keine Angst haben müssen. Diese Kinder werden gegen die Bibeldichter, die einen angeblich liebenden Vater als strafend, widersprüchlich und ungerecht, wenn nicht gar grausam darstellen, immun sein. Sie werden seine Schuldzuweisungen nicht akzeptieren und Freude am Entdecken genießen können. Mit der lebendigen Erfahrung der echten Liebe in ihrer Kindheit werden sie die Ungerechtigkeit der Schöpfungsgeschichte deutlicher erkennen und die neuen Chancen der Kommunikation (wie Internet, Fernsehen, Reisen) wahrnehmen, um ihr Wissen zu verbreiten. Damit werden sie die Neugier der anderen wecken und ihre Lust am

Wissendürfen unterstützen. Im Zeitalter des Internets können sich Adam und Eva selber von ihrer angeblichen Schuld befreien, um mündig zu werden.

Literatur

Basset, Lytta: Le pardon originel, Genève: Labor et Fides 1995

Bowlby, John: »Violence in the Family as a Disorder of the Attachment and Caregiving Systems«, in: American Journal of Psychoanalysis, Vol. 44, Issue 1 (1984), S. 9-27

Busnel, Marie-Claire u. a.: Le langage des bébés, savons-nous l'entendre?, Paris: Jacques Grancher 1993

Capps, Donald: The Child's Song. The Religious Abuse of Children, Louisville/KY: Westminster/John Knox Press 1995

Carrère, Emmanuel: L'Adversaire, Paris: P. O. L. 2000

Eugenides, Jeffrey: The Virgin Suicides – Die Selbstmord-Schwestern, München: Deutscher Taschenbuch Verlag 2000

Goleman, Daniel: Emotionale Intelligenz, München/Wien: Carl Hanser 1996

Guntrip, Harry: »My Experience of Analysis with Fairbairn and Winnicott. (How Complete a Result Does Psychoanalytic Therapy Achieve?)«, in: International Journal of Psychoanalysis, Nr. 56, Jg. 5 (1975), S. 145-156; dt.: »Aus dem Archiv der Psychoanalyse. Harry Guntrip: Meine analytische Erfahrung mit Fairbairn und Winnicott. Wie vollständig ist das Ergebnis psychoanalytischer Therapie?«, in: Psyche, Nr. 7 (1997), S. 676-699

Hazell, Jeremy: H. J. S. Guntrip: A Psychoanalytic Biography, New York/London: Free Association 1996

Hirigoyen, Marie-France: Die Masken der Niedertracht. Seelische Gewalt im Alltag und wie man sich dagegen wehren kann, München: Beck 1999

Karr-Morse, Robin/Wiley, Meredith S.: Ghosts from the Nursery. Tracing the Roots of Violence, New York: The Atlantic Monthly Press 1997

Kershaw, Ian: Hitler 1889-1936, Stuttgart: Deutsche Verlags-Anstalt 1998

Leboyer, Frédérick: Der sanfte Weg ins Leben: Geburt ohne Gewalt, München: Desch 1974

LeDoux, Joseph: Das Netz der Gefühle. Wie Emotionen entstehen, München/Wien: Carl Hanser 1998

Luhrmann, T. M.: Of Two Minds: The Growing Disorder in American Psychiatry, New York: A. Knopf 2000

Maurel, Olivier: La Fessée. 100 questions-réponses sur les châtiments corporels et l'éducation sans violence, Paris: La Plage 2001

McCourt, Frank: Die Asche meiner Mutter. Roman, München: Luchterhand 1996

Miller, Alice: Abbruch der Schweigemauer, Hamburg: Hoffmann und Campe 1990 (vergriffen)

Miller, Alice: Am Anfang war Erziehung, Frankfurt am Main: Suhrkamp 1980

Miller, Alice: Das Drama des begabten Kindes und die Suche nach dem wahren Selbst. Eine Um- und Fortschreibung, Frankfurt am Main: Suhrkamp 2000

Miller, Alice: Der gemiedene Schlüssel. Erweiterte und revidierte Nachauflage, Frankfurt am Main: Suhrkamp 1988b

Miller, Alice: Du sollst nicht merken. Variationen über das Paradies-Thema, Frankfurt am Main: Suhrkamp, rev. Aufl. 1998b

Miller, Alice: Das verbannte Wissen, Frankfurt am Main: Suhrkamp 1988a

Miller, Alice: Wege des Lebens. Sieben Geschichten, Frankfurt am Main: Suhrkamp 1998a

Niehoff, Debra: The Biology of Violence: How Understanding the Brain, Behaviour, and Environment Can Break the Vicious Circle of Aggression, New York: The Free Press 1999

Odent, Michel: Die Wurzeln der Liebe: Wie unsere wichtigste Emotion entsteht, Düsseldorf: Walter 2001

Ornish, Dean: Love & Survival, New York: Harper Perennial 1999; dt.: Die revolutionäre Therapie: Heilen mit Liebe. Schwere Krankheiten ohne Medikamente überwinden, München: Mosaik 1999

Parnell, Laurel: EMDR – der Weg aus dem Trauma. Über die Heilung von Traumata und emotionalen Verletzungen, Paderborn: Junfermann 1999

Paul, Jordan/Paul, Margaret: If You Really Loved Me, Minneapolis: CompCare Publishers 1987

Pennebaker, James W.: Opening Up, New York: The Guilford Press, rev. Aufl. 1997; dt.: Sag, was dich bedrückt. Die befreiende Kraft des Redens, Düsseldorf: Econ 1991

Pert, Candace B.: Molecules of Emotion, London: Simon & Schuster Ltd. 1998; dt.: Moleküle der Gefühle. Körper, Geist und Emotionen, Reinbek bei Hamburg: Rowohlt 1999

Rosenbaum, Ron: Explaining Hitler, New York: Random House 1998; dt.:
Die Hitler-Debatte. Auf der Suche nach dem Ursprung des Bösen, München: Europa 1999

Sapolsky, Robert M.: Warum Zebras keine Migräne kriegen. Wie Streß den
Menschen krank macht, München: Piper 1996

Schacter, Daniel L.: Wir sind Erinnerung. Gedächtnis und Persönlichkeit,
Reinbek bei Hamburg: Rowohlt 1999

Shapiro, Francine: EMDR-Grundlagen & Praxis. Handbuch zur Behandlung traumatisierter Menschen, Paderborn: Junfermann 1998

Stern, Daniel N.: Die Lebenserfahrung des Säuglings, Stuttgart: Klett Cotta
1992

Stern, Daniel N.: Tagebuch eines Babys. Was ein Kind sieht, spürt, fühlt und
denkt, München: Piper 1991

van der Kolk, Bessel: Psychological Trauma, Washington/DC: American
Psychiatric Press 1987

Waite, Robert G. L.: The Pychopathic God: Adolf Hitler, New York: Basic
Books 1977

Zimmer, Katharina: Erste Gefühle. Das frühe Band zwischen Kind und
Eltern, München: Kösel 1998

Zimmer, Katharina: Gefühle – unser erster Verstand, München: Diana 1999

Alice Miller im Suhrkamp Verlag

Wege des Lebens
Sieben Geschichten
Gebunden. 296 Seiten

»Wie wirken sich die ersten Erfahrungen von Leid und Liebe auf das spätere Leben des Menschen und auf sein Zusammenleben mit anderen aus?« Diese Frage zieht sich wie ein roter Faden durch die sieben Geschichten dieses Buches. Sie handeln von Menschen, von denen viele in ihrer Kindheit unter ihrer stummen Einsamkeit gelitten haben und später, als Erwachsene, trotz Sehnsucht nach echter Kommunikation, immer wieder in die alten Sackgassen der inneren Isolierung gerieten. Wie es ihnen gelang, sich zu artikulieren, sich von Ängsten und den schützenden Legenden zu befreien und Vertrauen aufzubauen, schildert Alice Miller in *Wege des Lebens*.
Im letzten Kapitel des Buches befaßt sie sich eingehend mit der Dynamik von Haß und den emotionalen Hintergründen der Genozide.

Das Drama des begabten Kindes
und die Suche nach dem wahren Selbst
Eine Um- und Fortschreibung
suhrkamp taschenbuch 2653
175 Seiten

Zwischen dem ersten Erscheinen des *Dramas des begabten Kindes* (1979) und der *Um- und Fortschreibung* liegen fast zwei Jahrzehnte Erfahrungen – Erfahrungen der Autorin mit ihrer eigenen Selbsttherapie sowie mit anderen neueren Therapiemethoden und schließlich auch mit den Lebensgeschichten der zahlreichen Leserinnen und Leser, die ihr geschrieben haben. Ihre in diesem Zeitraum unternommenen Forschungen über Kindheiten führten sie zu weiteren Präzisierungen ihrer früheren Erkenntnisse, die sie hier mit Hilfe vieler Beispiele dokumentiert und illustriert.
Alice Miller befaßt sich in diesem Buch mit den Folgen der Verdrängung im persönlichen und sozialen Bereich, mit den Ursachen kindlicher Verletzungen und deren Prophylaxe und schließlich mit den erst heute bestehenden neuen Möglichkeiten, die Folgen der frühen Traumatisierungen aufzulösen.

Alice Miller im Suhrkamp Verlag

Am Anfang war Erziehung
Gebunden und suhrkamp taschenbuch 951
322 Seiten

In diesem Buch öffnet uns Alice Miller die Augen über die verheerenden Folgen der Erziehung – die ja angeblich nur das Beste für das Kind will. Sie tut dies zum einen durch eine Analyse der »Schwarzen Pädagogik« und zum anderen durch die Darstellung der Kindheit einer Drogensüchtigen (Christiane F.), eines Diktators (Adolf Hitler) und eines Kindesmörders (Jürgen Bartsch). Ihr Buch verhilft uns zu einem nicht bloß intellektuellen und entsprechend folgenlosen Wissen, sondern auch zu einem emotionalen Wissen von der Tatsache, daß Psychosen, Drogensucht, Kriminalität ein verschlüsselter Ausdruck der frühesten Erfahrungen sind.

Du sollst nicht merken
Variationen über das Paradies-Thema
suhrkamp taschenbuch 952
410 Seiten

»Du sollst nicht merken« – nämlich: was dir in deiner Kindheit angetan wurde und was du in Wahrheit selbst tust – ist ein niemals ausgesprochenes, aber sehr früh verinnerlichtes Gebot, dessen Wirksamkeit im Unbewußten des einzelnen und der Gesellschaft Alice Miller zu beschreiben versucht. Ihre Analyse dieses Gebots führt sie zu einer grundsätzlichen Kritik an der Triebtheorie Sigmund Freuds. Die Wirksamkeit des Gebots »Du sollst nicht merken« zeigt sie anhand ihrer Analysen von Träumen, Märchen und literarischen Werken auf, wobei aus ihrer Auseinandersetzung mit dem Œuvre Franz Kafkas ein neues Kafka-Bild hervorgeht und implizit eine Theorie menschlicher Kreativität.

Alice Miller im Suhrkamp Verlag

Der gemiedene Schlüssel
Mit zahlreichen Abbildungen
Gebunden und suhrkamp taschenbuch 1812
193 Seiten

In den hier vorliegenden biographischen Analysen, unter anderem über Friedrich Nietzsche, Pablo Picasso, Käthe Kollwitz und Buster Keaton, enthüllt Alice Miller verblüffende Zusammenhänge. Zwanghafte Verklärung der Eltern und die Verdrängung von Kindesleid werden zur emotionalen Falle und legen einen lähmenden Schleier auf das menschliche Selbst. Seelisch verkümmerte Menschen sind nicht selten die Folge: Der Schlüssel zur Gesundung, zur Zurückgewinnung von Lebensfreude, Schaffenskraft und Friedfertigkeit liegt, wie Alice Miller überzeugend darlegt, in der vorbehaltlosen Aufdeckung der Kindheit.

Das verbannte Wissen
suhrkamp taschenbuch 1790
260 Seiten

Alice Miller schreibt in diesem Buch: »Die Jungsche Lehre vom Schatten und die Vorstellung, das Böse sei die Kehrseite des Guten, dienen dem Ziel, die Realität des Bösen zu leugnen. Doch das Böse ist real. Es ist nicht angeboren, sondern erworben, und es ist niemals die Kehrseite des Guten, sondern dessen Zerstörer. ... Es ist nicht wahr, daß das Böse, Destruktive, Perverse notwendig zur menschlichen Existenz gehört, auch wenn dies immer wieder behauptet wird. Es ist aber wahr, daß es ständig neu produziert wird und mit ihm ein Meer von Leid für Millionen geschaffen wird, das ebenfalls vermeidbar wäre. Wenn einst die aus der Verdrängung der Kindheit entstandene Ignoranz aufgehoben sein wird und die Menschheit erwacht ist, kann sie die Produktion des Bösen einstellen.«